教科書には載せられない

暴君の素顔

山口智司

彩図社

はじめに

己の欲望のままに権力をふるい、暴虐な政治で民衆に地獄の苦しみを与える――そんな恐るべき君主を人は「暴君」と呼ぶ。

古今東西、暴君と呼ばれる人物は少なくないが、本書ではその中でも選りすぐりの12人を取り上げている。遥か昔、紀元前のヨーロッパにおける暴君から、いわゆる「独裁者」と呼ばれる近代の暴君まで、幅広く選定した。

ローマ放火の罪をなすりつけた上にキリスト教徒を恐るべき方法で虐殺したネロ、不老不死の薬が見つからないからと400人以上の学者を生き埋めにした始皇帝、町の住民すべてをなぶり殺しにして6万人以上を葬り去った雷帝イヴァン、尖った柱を肛門から突きさす「串刺しの刑」が大好きだったドラキュラ公……。

調べれば調べるほど出てくる、目を覆い、耳をふさぎたくなるほどの残虐行為の数々。いったい、人はどこまで残酷になれるのだろうか。

また、遠い昔の話ばかりではなく、ポル・ポトやスターリンなどが行った、形式だけ法律に則った虐殺もタチが悪い。自白を強要する拷問の凄まじさ、理不尽さには、思わず目をそらしたくなったほどだ。

特に怒りを覚えたのは、何百万人もの民衆を苦役に駆り出しておきながら、自身は贅沢三昧に明け暮れる暴君たちの姿だ。本書に登場する唯一の女性である西太后は、戦後の貧困で苦しむ国民に目もくれず、自身の誕生日パーティーに15億円を浪費した。もちろん、すべて国民の血税によってである。

とはいえ、本書はただ闇雲に暴君の非道な行為をあげつらっただけのものではない。ここに収録した人物たちは、歴史的な事情によって実像を歪められた人物、もっといえば、後年になって暴君に仕立て上げられたような人物もいる。

そんな彼らの様々な事情や歴史的背景を考慮し、できるだけ公平に、そして多角的に考察した。

従来のイメージを覆すような内容も紹介しているため、最近よく目にするような、明らかに眉唾ものの情報を（恐らくそうと知りながら）歴史上の人物に押し付けている雑学本とは一線を画した、読み応えのあるものに仕上がったのではないか、と自負している。

暴君たちの残虐非道な所業と、不意に見える意外な素顔。彼らが国を治めた時代を知ることで、平和な現代を生きる我々が学べることは決して少なくないだろう。

それでは、恐ろしい暴君たちの世界をたっぷりとご堪能いただきたい。

教科書には載せられない
暴君の素顔
目次

【暴君の代名詞】

ネロ

Nero Claudius Caesar Augustus Germanicus (37 - 68)

暴君ネロ――。

ネロは、ローマ帝国の第5代皇帝だが、今ではこの通り名のほうが有名だ。

気に食わない者は抹殺し、自分の立場を守るために無実の人々に罪を着せて容赦なく集団殺戮。社会には淫乱をはびこらせ、自身も近親相姦から男色まであらゆる性愛にふける……。

彼の悪事の限りは、まさに暴君の代名詞とされるにふさわしいものであった。

ネロを暴君たらしめた一番の出来事は、なんといっても「キリスト教徒の殺戮」である。その最悪ともいえる悲劇に至るまでの暴君ネロの足跡を追ってみよう。

若き皇帝ネロ

紀元54年、ネロは弱冠16歳にして皇帝に就任した。当時のローマでは30歳になってから責任のある公職に就くケースがほとんどだったため、ネロの皇帝就任は異例の早さであった。

とはいえ、平和だったローマにおいて、若き皇帝の誕生は一般市民から大いに歓迎された。ちなみに、ネロの皇帝就任時のスローガンは「寛容《クレメンティア》（Clementia）」である。そんなネロが、後世に名を残す暴君になろうとは、このときはまだ誰も予想だにしなかっただろう。

　ネロのスピード出世の裏には、母・アグリッピナによる長年にわたる策略があった。アグリッピナはネロを産んだ3年後に夫を亡くしており、34歳で叔父のクラウディウス帝と再婚。連れ子の立場であるネロをなんとか皇位に就かせたかったが、クラウディウス帝には前妻との間にブリタニクスという子供がいた。ブリタニクスは皇帝の実子なので、この時点では当然彼が皇位を継ぐ最有力候補だった。

　そこでアグリッピナは、ネロをクラウディウス帝の養子として認めさせ、さらに、通常満16〜17歳で行う成人式を満14歳で挙げさせた。ブリタニクスより年上だったネロは、この時点で皇位継承の筆頭候補に躍り出たのである。

　そして、ネロは満16歳でクラウディウス帝の娘（ブリタニクスの姉）であるオクタヴィアと結婚。いわゆる政略結婚で、アグリッピナはわが子を皇位につけるために、磐石の態勢をとった。

　だがこれでも安心しないアグリッピナは、その後、夫のクラウディウス帝を毒殺する。夫の好きなキノコ料理に毒を仕込み、それをクラウディウス帝が吐き出すと、アグリッピナは介抱する医師に合図し再び毒を盛らせて確実に夫を殺した。

母の手による、この殺人によってネロが皇位に就くことが確定したのである。

母の圧力

こうしてネロが皇帝の座に就いたとき、本人以上に喜んだのはもちろんアグリッピナだ。皇帝の后から皇帝の母となり、その権力をほしいままにした。

その権勢の大きさを推し量るものに、1枚の金貨がある。ローマ帝国の通貨には皇帝の横顔が彫られているのだが、ネロの時代の金貨で、アグリッピナとネロが向き合ったデザインのものが発見された。皇帝の母の顔が通貨に刻まれるなどというのは、異例中の異例である。

しかし、子供はいつまでも母の思い通りになるものではない。皇帝になったネロは妻をほったらかして、ある奴隷女と情交を重ねるようになった。しかも次第に想いが募ったネロは、その女を解放奴隷の身分にし、結婚まで考えるようになる。

これを知ったアグリッピナの怒りは凄まじいものだった。

「誰のおかげで皇帝になれたと思っているのか！　お前を皇位に就けるために、わたしがどれほどの犠牲を払ったのかがわかっているのか！　それなのにこの仕打ち、母知らずの恩知らず！」

さらにアグリッピナはネロをこう脅した。

「ブリタニクスはいまやもう立派な青年です。父の統治権を受け継ぐには、彼の方こそ正当な世子です」

ネロを皇帝にするために散々ブリタニクスを冷遇しておきながら、自分に反抗し始めると、ブリタニクスの名を利用してネロを威嚇したのである。

ネロとアグリッピナが刻まれた硬貨

皇帝の母という立場にすぎないにもかかわらず、まるで女帝のように権勢をふるうあたりは、身勝手の一言に尽きる。

だが、アグリッピナは大事なことを忘れていたようだ。ネロも自分の激しい気性をしっかりと受け継いだ、実の息子であるということを……。

帝位のために義弟を平然と毒殺

「ブリタニクスを殺さねばならない」

そう決意したネロは、かつて母がクラウディウスを毒殺したときに実行犯となったロクスタに、ブリタニクスの殺害を命じることにした。ロクスタはこのとき別の毒殺事件で近衛軍副官ポリオに監禁されていたため、ネロはポリオを通じてロクスタに毒薬を作らせた。

だが、完成した毒は少々薄すぎたようで効き目が弱かった。ブリタニクスは食事と一緒に毒を吐き出し、殺害は失敗に終わってしまう。

激怒したネロはふたりを呼びつけると、ロクスタを殴り、ポリオに凄みを利かしてこう言った。

「お前らふたりは世間の噂を気にして、万一の場合は逃げ道を作って、余の身の安全を二の次にしている！　ロクスタは死刑、ポリオも責任は免れぬぞ！」

それを聞いたふたりは真っ青になり、即効性のある猛毒を再び作ってすぐさまネロに渡した。

問題はこれをどうブリタニクスに飲ませるかである。猛毒のため、毒見係が口に入れたら即死し、その時点で本人に発覚してしまうだろう。ところが、ここでネロの悪知恵が冴えわたった。

用意したのは、毒も何も入っていない熱い飲み物。毒見係がそれを飲んで安全であることを確かめると、ブリタニクスがそれを飲もうとする。だがあまりにも熱すぎるため、ブリタニクスは水を加えるように命じるだろう。その水の中に毒を入れておけばよい――。

この作戦が見事に成功した。一言も発することなく、ブリタニクスは絶命した。周囲の人々は大騒ぎになり、ネロの様子を窺ってみると、ネロは横たわって平然と食事を続けながらこう言ったという。

「いつもあのとおりだ。癲癇《てんかん》のせいさ。子供のときからの持病なのだ。すぐに息を吹き返すだろう」

母との近親相姦、そして殺害

「今度は自分が殺されるのではないか」ブリタニクスの毒殺に、母のアグリッピナは震え上がった。

その不安は、当たらずとも遠からずであった。ネロは、側近の哲人セネカや近衛軍司令官ブルスの協力を得て、母を引きずりおろす行動に出る。

まずネロは、身辺の護衛を母から外すように命じた。皇帝の母から一般の女性の扱いに落としたのである。さらに皇宮からも追い出し、公式の会合があっても招待名簿から母を削除して出席させないようにした。

こうしてネロは即位からわずか1年足らずで、アグリッピナの権力をすべて奪い取ることに成功したのである。この頃から、同年代の仲間たちと夜な夜なローマの町に繰り出し、乱痴気騒ぎを楽しむようになる。このときネロは17歳。皇帝とはいえ遊びたい盛りだった。

もちろん、アグリッピナも自身の権勢が失われていくのを黙って見ていたわけではない。なんとか影響力を保とうと、ネロの妻のオクタヴィアに同情するポーズを見せ庶民の人気をとったり、ゲルマニア軍団に大量の資金を投入して軍団兵を味方につけたりと、いろいろと手は打っていた。

さらにアグリッピナはネロが自分から離れられないよう、より直接的で、かつ信じられない手段に出る。

ある日、ネロが宴を開き、酒を飲んでいたときのことだ。

入念な化粧を施したアグリッピナがふいに現れた。そしておもむろにネロにキスをしたかと思うと、今にも情交が始まりそうなほどの熱い愛撫を始めた。周囲の人々は止めることもできず、気まずそうにそれを見るしかなかった。

アグリッピナはすでに40歳を過ぎていたが、自分の美貌にはまだ自信を持っていたようである。

ネロもそんな母を前にひとりの男となり、近親相姦を重ねた。

だが、禁断の関係は次第にネロの重荷となり、結果的には母を遠ざけたい気持ちに拍車がかかってしまった。さらにネロは、友人の妻であるポッパエアにすっかり心を奪われ、彼女の虜になっていた。その愛に突き進むには、やはり母が邪魔だった。

ネロは母を抱きながら、密かに「母殺し」を決意する。

実行犯に選ばれたのは、解放奴隷のアニケトスであった。偶然の事故に見せかけるため、アニケトスは船底の1ヶ所が外れる船を造り、それにアグリッピナを乗せて沈没させることにした。

一方、ネロは、カモフラージュのため周囲のあちこちでこんなことを言って回った。

「口うるさい母だが、どのような欠点があろうと母親は母親だ」

その母親を殺害する日がついにやって来た。

計画通り、アグリッピナを乗せた船は沈没。夜の海に沈んだアグリッピナは、そのまま溺れ死ぬ……はずだったのだが、計画は失敗に終わった。アグリッピナは知られざる泳ぎの達人で、なんと泳いで岸までたどり着いたのである。

計画の失敗に青ざめたネロは、もはやすぐにでも消すしかない、とばかりに荒っぽい方法に出る。再びアニケトスを呼び寄せ、部下の一隊を連れて母のもとへと向かわせた。

門を破壊し、寝室にどかどかとやってきたアニケトス一団。ベッドに横たわって休んでいたアグリッピナはあっという間に囲まれてしまった。

覚悟を決めたアグリッピナは、自分の腹部を指差し、最期の言葉を吐いた。

「殺すなら、ネロが宿ったここを刺せ！」

アニケトスたちの剣はお望みの腹部のみならず、全身に突き立てられた。薄れる意識の中、アグリッピナは昔のある出来事を思い出していたかもしれない。

それはネロが生まれて間もない頃のこと。わが子の運勢を尋ねると、占星学者はこう言った。

「この子はやがて皇帝になるが、母を殺すだろう」

これを聞いたアグリッピナは有頂天になり「皇帝になってくれるなら、殺されたって本望だ」と叫んだという。まさにその通りになったのである。

火葬の前にネロはアグリッピナの遺体を裸にし、それをしげしげと見つめて呟いた。

「ああ、お母さんはやはり綺麗な体をしていたんだなあ」

妻を殺害して愛人と結婚

目の上のたんこぶだった母がいなくなったことで、ネロはいよいよわがままの限りを尽くすことになる。そのうちの1つが、妻オクタヴィアとの離婚、そして愛人ポッパエアとの再婚である。


ポッパエアとの出会いは、ネロの友人オトーの軽はずみな一言からだった。

「いまから私は彼女のもとに帰って行きます。彼女こそは世界中の男の憧れ、果報者だけが楽しめるあの雅やかな美しさを私に与えてくれるのですから」


その話を聞いて、どうしても自分のものにしたくなったネロは、すぐにポッパエアにアプローチを始めた。それに対してポッパエアは、

「私は人妻です。そしてオトーとの結婚生活をあきらめることができません」

と巧みにじらしてネロの心をかき乱しながらも、結局ネロの愛人となる。


ネロは邪魔者を遠ざけるため、オトーを現在のポルトガルにあたるルシタニア属州の

総督に任命し、赴任させてしまう。哀れオトーはつまらない自慢をしたばかりに妻をネロに奪われ、9年にもわたる僻地勤務をさせられる羽目になってしまったのである。

ネロはポッパエアとすぐにでも結婚したかったが、彼女と出会ったばかりの頃は、まだ母のアグリッピナが存命だった。せっかく息子を皇帝にさせたのに、離婚などされては確固たる地位が揺らぎかねない。そんな母の大反対の前に、ネロはどうすることもできなかった。

だが今やその母も殺害し、この世にいない。ネロは結婚以来、10年経ってもオクタヴィアとの間に子供を授からないことを理由に離婚。念願のポッパエアとの再婚を果たしたのである。

こうして正式な后となったポッパエアだが、その座は安泰ではなかった。一般市民の間ではネロに捨てられたオクタヴィアへの同情心が高まっており、ポッパエアへのバッシングは高まるばかり。

ポッパエアにうながされたネロは、母殺しの大任を担ったアニケトスを再び呼び寄せて、こう言った。

「今度は暴力や刃物はいらない。オクタヴィアとの不倫を自白してくれるだけでいい。当分の間は内緒にしておくが、きっと莫大な礼と快適な隠棲地を与えてやろう」

「もし断ったら殺すだけだ」後にそう続けることも忘れなかった。

アニケトスは言われたとおりにオクタヴィアとの不倫をでっちあげ、オクタヴィアは不貞を理由にティレニア海の孤島、パンダテリアに流されてしまう。

愛人ポッパエア（左）と妻オクタヴィア（右）

オクタヴィアの悲劇はこれで終わらなかった。島で孤独に過ごすオクタヴィアに、なんとネロは手紙で自殺を命じたのである。

これに対してオクタヴィアは、「私はもう元首の妻ではありません」と自殺を拒否したものの、ネロは部下に命じて、オクタヴィアをすぐさま綱で縛り上げさせ四肢の血管をすべて切り開かせた。

だが、恐怖のあまり血管が締め付けられ、思うように血が出ない。なかなか死に至らないので、今度は発汗室でスチーム・バスの熱気に当てられ、オクタヴィアは窒息死させられたのであった。

あげくの果てには首を切断され、数日後、都には殺害の証拠として、オクタヴィアの首が送られてきた。ポッパエアはその首を満足そうに眺めたという。

こうして、ようやく正妻の座に落ち着いたポッパエアだったが、彼女が掴んだ幸せは束の間のものだった。あろうことか、彼女もネロに殺されているのである。

ポッパエアがふたり目の子を妊娠していたとき、ついネロをなじってしまい、逆上したネロに蹴り飛ばされ、胎児もろとも命を落とした。

もし天国でオクタヴィアとポッパエアが逢ったなら、ふたりはどんな会話を交わしたことだろうか。

狂気の宴と異常な性癖

母殺し、妻殺しと2つの大罪をやってのけたネロは、しだいに国務を放り出し、快楽にふけるようになっていく。

「ローマを世界一の歓楽の都市にする」

そんな夢を抱いていたネロは、公共の広場で饗宴をいくつも開催し、都全体をまるで自分の家のように好き勝手に使用し、時にはネロ自身がナポリでリサイタルを開くこともあった。

意外にも、リサイタルの評判は極めてよく、皇帝が歌う姿を一日観たい人々が詰め掛けて劇場は満員御礼。ネロはオーケストラの真ん中に座り食事を運ばせ、自分を取り囲む市民たちの質問に、上機嫌に答えていたという。

「パンとサーカス（食料と見世物）」を与えられた民衆は大いに喜び、ネロがエジプトに外遊しようとしたときには、不満が起こるほどだった。ネロは計画をとりやめ、こう呼びかけた。

「余が長旅に出発すると言って市民は悲しい顔をする。密かな苦情も聞かれる。彼らは余の束の間の不在にも我慢ができないのだ。元首の姿を見て不幸を慰める癖がついているからだ。彼らがいてくれと頼めば、それに従うほかはない」

大衆の期待に応えようと、ネロはますますイベントに力を入れるようになる。

ある夏には、家臣に淫乱な饗宴のお膳立てをさせた。アグリッパ浴場横の池のほとりに、いくつもの小亭を建てさせ、奴隷女や遊女から名門の貴婦人まで、すべての階級の美女たちを総動員して待機させた。

日が暮れると、あかりを灯した小亭で歓声を上げながら、美女たちが淫らなダンスを踊り始める。夜が更けるにつれ、酔っ払った男性陣が小亭に押しかけ、めいめいに女性を選び快楽にふけった。

　美女たちはどんな男性に迫られても拒否することは許されなかった。そして、当然と言えば当然だが、あまりにも猥褻な行為が繰り広げられることになる。

　主人の目の前で主人の妻を犯す奴隷、父親の目の前で娘を犯す剣闘士……。また、美女を取り合ってあちこちでケンカが生じ、死傷者が続出する騒ぎになった。

　そんな中、ネロはといえば、黄金の船が引く巨大ないかだの上で楽しそうに真夏の狂宴を眺めていた。

　このようなイベントが何度も繰り返されたというから、尋常ではない。

　宴を存分に楽しむ民衆たちに刺激を受けたのか、ネロの言動も大胆さを増していく。ネロは、ピタゴラスという男の奴隷と同性愛関係にあり、この夏の狂乱イベントから数日後、正式な手続きを踏んで結婚式を挙げた。

　皇帝の身でありながら、緋色のヴェールで頭を隠して花嫁姿に扮した。その夜、ネロは処女の役で、花婿のピタゴラスにバックから犯されるのを楽しんだという。

　またあるときは、スポルスという少年の睾丸を取り除き去勢させたこともあった。ネロは彼を皇后として扱い、公衆の面前で熱い接吻を交わし、結婚式も挙げた。

　ネロはその奔放な性欲を満たすために、あらゆる行為を楽しんだのである。

ローマの大火とキリスト教徒の虐殺

紀元64年の7月18日から19日にかけての夜、ローマは大火に見舞われた。大競技場の一角から上がった火の手は、風に煽られて丘を駆け上り、丘の上にあった皇帝一族の屋敷は全焼。さらに火は庶民の住む地区にまで広がった。

火は6日間も燃えさかり、ローマ14区のうち無事だったのは最終的に4区のみで、7区は家の残骸がわずかに残る程度で、3区は完全に焼け野原へと変貌した。

ローマでは夏に「シロッコ」と呼ばれるアフリカからの南西風が吹くが、この年はシロッコが数日にわたって吹き荒れ、かような大惨事を招いたようだ。

ネロはただちに被災地を回り、各地に援助をもたらした。計30～40万にも及ぶ被災者のために、公園や国の記念建築物だけでなく、宮廷の庭園まで提供した。ネロの広く行き届いた復興活動は、国のリーダーとして大いに評価されるべきものであった。

しかし、人々の間では、新たな火の手よろしく妙な噂が広がっていた。

「ネロは都を新しく建て直したくて、ローマを焼いたのだ」

噂の原因は、ネロが建築を命じた新しい宮殿にあった。総面積50万平方メートルにも及び、内部はあらゆる黄金で造られた豪華絢爛な宮殿である。

その名は「ドムス・アウレア」。宝石や真珠の装飾が施され、芸術品がふんだんに飾られ、象牙細工の天井から花を撒き散らす仕掛けまであった。さらにパイプをひねると、客に香水が降り注ぐという奇抜なアイディア。メインのダイニングルームは部屋ごと回転式という凝りようだった。

ドムス・アウレアが完成すると、ネロは満足してこう言った。

「どうやら私もこれで人間らしい生活ができるというものだ」

火災後、復興活動と同時にこの黄金宮殿の建築が進められたのだが、その建設予定地と大火による全焼地域がほとんど一致していた。「ネロが放火したのではないか」という噂が流れたのはそのためである。

噂には尾ひれが付きものだ。続けざまに様々な怪情報が乱れ飛ぶ。

消火活動をしようとすると、それを脅し妨げる集団がいて、その中に松明を投げながら「その筋の命令でやっているのだ！」と叫ぶ者を見たという者が現れ、また、悲劇役者の衣装をまとったネロが宮殿の舞台に立ち、大火を眺めながら叙事詩『トロイの陥落』を吟じていたというゾッとするような噂もあった。

真相は定かではないが、人々はそれを信じ込み、今にも暴動が起こりそうな不穏な空気が街中に漂った。慌てたネロはこの噂をかき消すべく、とんでもない計画を企てる。

それはキリスト教徒の虐殺であった。

紀元33年にイエス・キリストが十字架に磔にされて以来、まずはイエスや使徒たちと同じユダヤ人を対象に布教活動が行われた。ローマの都市でも同様にそれは展開されたが、キリストを唯一神とするキリスト教を押しつけられるのは、多神教のローマ人にとっておせっかい以外の何者でもなかった。

そんな非キリスト教の人々が多数を占める中、ネロはキリスト教徒を放火犯にでっちあげ、なぶり殺しにすることで市民の支持を再び取り戻そうとしたのである。

ネロは手始めにキリスト教徒と公言しているものを捕らえ、拷問にかけていった。そして他のキリスト教の信者を告発させ、自白を引き出した後で、裁判を行った。

判決の結果は、すべて死刑。名ばかりの裁判で、死刑判決を受けた者は200人から300人に上ったといわれている。

そして、後世までネロが暴君と伝え続けられたのは、処刑にかけた人数はもとより、その内容が凄まじかったからだ。

人々の見世物にするため、処刑場にはヴァチカンにあった競技場が選ばれ、そこで目を覆うような惨殺が繰り広げられた。ある者は獣の皮を被された状態で犬をけしかけられて噛み殺され、またある者は全身にタールを塗りつけられ柱に縛られて、闇の中で灯火代わりに燃やされた。

燃え上がる人柱が、見物していた一般市民たちの顔を赤く照らした。

ネロは競技場内に引かせた戦車の上から、それをじっくりと鑑賞していた。

自殺に追い込まれた皇帝

自らの人気を回復するためにキリスト教徒を殺戮したネロだったが、その効果は完全に裏目に出てしまう。あまりにもひどい仕打ちに、人々はむしろキリスト教徒に同情したのだ。

ついには、ネロを暗殺しようと試みる者まで現れ、その容疑者のリストには、少年時代からネロの家庭教師を務めたセネカの名前もあった。セネカがネロ暗殺に共謀したという確固たる証拠はなかったが、ネロはセネカに死の宣告を与えた。セネカは涙ぐむ友人たちにこう言ったという。

「ネロの残忍な性格を知らなかったとでもいうのか。母を殺し、弟を殺したら、師を殺す以外何も残っていないではないか」

ネロの人気は下降の一途を辿り、黄金宮殿でただひとり叫ぶ。

「自分を殺してくれる者はいないか！」どこからも返事はなかった。

川に飛び込んで自殺しようとも考えたが、思いとどまり、最後まで残ったわずか4人の召使を引き連れて、ようやく別荘に避難するも、周囲はネロに名誉ある自害を勧めた。

だがネロは「私の死で、なんと惜しい芸術家が、この世から失われることか！」と嘆きながら、なかなか死ぬ決心ができない。

「まだ最後の時間は来ていない」「先に死んで手本を見せてくれ」など、ネロの口から出てくるのは命への未練ばかり。そんな不甲斐なさに一番愛想を尽かしたのは、他ならぬネロ自身だった。ネロは自分をこう叱り飛ばした。

「これ以上生きるのは恥で、醜態だ。ネロにふさわしくない、まったく似つかわしくない。このようなときにこそ決断力がいるのだ。さあ一発奮起しろ！」

そのとき馬蹄の音が聞こえてきた。ネロ逮捕を命じられた騎兵たちがやってきたのである。

ネロは震える声で、ホメロスの詩句を口ずさんだ。

「早駈けに走る軍馬の蹄の音わが耳を打つ」

剣を喉に突き刺したネロ。絶命寸前に駆け込んできた奇兵隊の百人隊長は、ネロの傷跡に外套を置いた。

「もう遅い。それがお前の忠誠なのか……」最期に呟き、暴君ネロは30歳でこの世を去った。

ネロの遺体は、カッと眼を見開いたままで、最後まで見る者を震え上がらせたという。

ネロの死後の評価

本章ではネロの残虐性と異常性をクローズアップしたが、「本当はそれほど暴君ではなかった」とする研究者も少なくない。歴史考察は常に移り変わるもので、歴史上の人物は、時代に応じて誉められたり罵倒されたりと忙しいものなのだ。

ネロもその例外ではない。最後に、暴君のイメージとはそぐわないネロの一面を付記しておくので、参考にされたい。

ローマ帝国最大の領土を築いたトラヤヌス帝は、ローマ歴代の元首の中でも「ネロの治世の最初の5年間は、最善の御代だった」という評価をしている。

後の暴君ぶりと比較されるため初期が理想化されている、という見解もあるが、確かに最期の没落期を除けば、ネロの時代のローマが平和だったのは事実である。

　また、ネロは生まれてからずっと母アグリッピナの支配下にあり、皇帝に就任してもそれは変わらなかった。母の死後は、愛人のポッパエアや、思惑のある臣下に被害者意識を焚きつけられて悪事を働いたに過ぎず、ネロはこうした環境に置かれていなければ独裁的暴君にはなり得なかったという見解もある。

　さらに、追い剝ぎに死刑判決を下さねばならないとき、ネロはサインを渋った。治安を守るために必要な刑罰だと説得され、最終的にはサインに応じたが、「私が字を書けなければよかったのに」と嘆いたという。これは、ネロの掲げた政治理念「寛容」の実例として師のセネカが記したエピソードである。

　最期の見苦しい振る舞いについては多くの文献に記されているが、14年にわたり大長編『ローマ人の物語』を綴った塩野七生氏は「噂に尾ひれがついたのが定着した伝説であろう」としている。

【天魔の変化】

織田信長

Nobunaga Oda (1534 - 1582)

織田信長は、枠にとらわれない改革者として人気が高い。日本人が好きな偉人として第1位に選ばれることも多く、名君と評価されることがほとんどだろう。

確かに信長は強烈なリーダーシップで人を動かし、迅速な行動力で改革を推し進めた。

だが、度が過ぎたリーダーシップは、時として信長を自分の思い通りにならないと気がすまない独裁者、ひいては暴君にした。

また信長の判断力、実行力の高さも、一歩間違えれば誰も止められない暴走と化し、さらに合理主義や効率主義も、目的のためなら手段を選ばない残酷さになることがあった。

信長は楯突く者は火あぶりにし、磔の刑にすることを好んだ。また比叡山に火を放ち、多くの僧を焼死させ、長島一揆では2万余りの民衆を大量虐殺……。

血で血を洗う戦国時代においても織田信長の残虐性は桁外れだった。

信長はまさに暴君中の暴君だったのである。

短気で凶暴な性格だった

1534年、織田信長は、織田信秀の嫡男として尾張に生まれた。

乳児の頃から疳《かん》の虫をよく起こしていた信長は、乳母の乳首を噛みちぎってしまうため、どの乳母も長くは続けられなかったといわれている。このエピソードはよく耳にするが、どうやら後世の創作のようだ。しかし、この話がいかにもだと思ってしまうほど信長は凶暴で、また風変わりな性格だった。

父・信秀が亡くなったとき、信長はだらしない衣服をまとい髷も整えず葬儀の席に現れた。これだけでも十分無礼だが、焼香の際、信長はつかつかと仏前まで近付くと、なんと抹香を鷲づかみにして仏前に向かって投げつけたのである。

普段から「大うつけ（常識はずれ）」と呼ばれていた信長だったが、このあまりに異常な行動は、噂通りのうつけぶりを周囲に印象付けた。

信長のこうしたエキセントリックな行動は成人後も続く。

ある日、信長が安土城から竹生島《ちくぶ》へ参拝に出掛けたことがあった。

距離は往復で三十里（約118キロ）と遠く、とても日帰りできる距離ではなかったため、安土城の女房衆の大半は、これ幸いと城の外へ出て行き、桑実寺《くわのみでら》へ薬師参りをして羽を伸ばすことにした。ところがせっかちな信長は、早馬早船で日のあるうちに安土城へ帰ってきてしまう。

女房たちが出払ってしまった城内はもぬけの殻。怒った信長は桑実寺へ兵を出し、ただちに女房衆を縛り上げた。

その後の処罰については、『信長公記』に「御成敗なり」と記述があるだけで詳細は分からないが、きついお灸を据えられたことは間違いないであろう。

怒りだすと何をするか分からない信長は、周囲にも大いに恐れられていた。

宣教師のルイス・フロイスが書いているところによると、信長が手でわずかに合図をするだけでも、家臣たちはただちに消え去った。それはまるで凶暴な獅子の前から逃げるようにすばやかったという。

さらに、信長が誰かひとりを呼べば、部屋の外から100人もの家臣たちが大声で返事をした。よほど信長が恐ろしかったのだろう。

気性の荒い信長はプライドも高く、家中から宿老まで周囲から意見されることを嫌った。幼少期から信長に仕えてきた林道勝、美濃三人衆の一家、安藤守就《もりなり》父子など、信長に進言して追放された者は枚挙に暇がない。

内部に対してさえこれだけ睨みをきかせていた信長である。いわんや敵ともなれば容赦することはなく、その恐るべき残虐性は剥き出しにされるのであった。

敵将の頭蓋骨を酒の肴に

信長の残虐行為としては、比叡山の僧・杉谷善住坊の処刑が有名である。鉄砲の名手だった善住坊はあるとき信長の暗殺を企てた。山中に潜み、信長が峠を越えたときを見計らい、2発発砲した。

だが銃弾は身体をかすっただけで暗殺は失敗に終わり、善住坊は捕らえられてしまう。自身の暗殺を企てた善住坊に対して、信長が科した刑罰は「竹鋸引き」であった。首だけ出したまま土中に生き埋めにして、通りがかりの人がそばに置いてある竹鋸で思い思いに首を引いていくというものだ。

自分の命を狙った者に対する見せしめの刑とはいえ、あまりにも残酷である。善住坊は通行人に次々と首を鋸で引かれ、地獄の苦しみのなかで、7日目に絶命した。

また、1573年、朝倉義景・浅井長政などの有力者たちを討ったときのこと、勝利を祝う宴会が翌年の正月に開かれた。宴も終わりに近付いてきた頃、信長は黒塗りの大きな箱を3つ取り寄せた。

柴田勝家が、

「いかなる御肴でござりますか」

と聞くと、信長はニヤリとしてこう言った。

「お前達が一度も見たことがない珍奇な肴だ」

蓋を取って現れたのは、金箔、銀箔で飾ったシャレコウベ、つまりは頭蓋骨である。

それは、朝倉義景の首、浅井久政の首、浅井長政の首だった。

食事どころではなくなりそうだが、酒が飲めない下戸の信長も勝利の余韻に酔いしれたのか、終始ご機嫌だったという。

朝倉義景

狡猾な謀略家だった

信長は残虐なだけではなく謀略家であり、目的のためには卑劣な裏切りも厭わなかった。そしてそれは、相手が肉親であったとしてもである。

信長が父の葬儀で仏に抹香を投げつけるという行為に出たことはすでに書いたが、そんな兄を尻目に正装で現れ、しかるべき振る舞いをしたのが同母弟にあたる織田信行である。信行は、家中でしだいに信長と対立するようになる。

1556年、信長を支えた斎藤道三が戦に敗れて死去すると、信行は、収穫の多い土地である篠木三郷を横領しようと信長に謀反を起こすが失敗。このときは母がとりなして、事なきを得た。

浅井久政（右）と浅井長政（左）。朝倉義景と共に信長に討たれ、その頭蓋骨に箔を押された

しかしその翌年、またもや信行は謀反を企てるが、今度は事前に柴田勝家が信長にその計画を密告した。それを聞いた信長は、信行をおびきよせるため、病気のふりをして外に出ないようにした。「御兄弟の間なのですから、信行殿はお見舞いに行った方がよいでしょう」

母と柴田勝家にそう勧められた信行が清洲にやってくると、信長はお見舞いにやってきた弟を、家臣に命じて殺害させたのだった。

信長が仮病とは拍子抜けな気もするが、闇雲に力を振るう乱暴者ではなく、知能的な暴君だったことがよく分かる。

信長の叔母の夫にあたる秋山伯耆守《ほうきのかみ》信友も、信

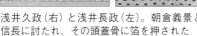

長に欺かれて殺された身内のひとりである。

信友は美濃国岩村城の主で、武田方だった。信長は兵を引き連れて信友のもとに向かい、使いを城にやってこう伝えた。

「叔母の縁につながる秋山殿ゆえ、命を助け、所領も安堵させる。城を早く明け渡し、無益に士卒を殺すな」

信友はちょうど武田勝頼に不信感を抱き始めた頃だったため、信長の提案どおり、城を明け渡した。ところが、これは信長の罠だった。信友は城から出てきた瞬間に縛り上げられた。

「叔父同様の身をよくも謀ったな！」

信友はそう叫んで責めたが、信長は冷笑しながら、信友に死刑を宣告した。兄弟でも容赦ない信長にすれば、この程度の裏切りは屁でもなかったのだろう。

確かに、食うか食われるかの戦国時代である。口約束など守っていては己の足元がすくわれてしまうこともあれば、親族だからこそ油断できないこともある。

だが、信友のこの後の運命は、あまりにも悲惨であった。信友に科せられた刑は、「逆さ磔にして竹鋸引き」という最悪の組み合わせだったのだ。

通行人は、置いてある竹鋸で好きなように信友の首を引いていった。そして半日もすると、血液がすべて頭の先へと流れ、目も口も塞がってしまった。

やがて眼球から血が噴出し、4日目には目玉がつぶれた。もはや人間の顔とは思えぬ血まみれの顔になりながら、信友は通行人から首を鋸で引かれ続けた。

たとえ激痛でもすぐに殺されることはなんと幸せなことか。あまりに壮絶な処刑方法に、そのようにさえ思えてしまう。

こうして信友を惨殺した信長は、行方をくらましていた叔母の居場所も突き止め、きっちりと処刑している。

女子供でも容赦なく磔に

残虐な信長は大量殺戮を好んで行った。罪のない女子供だろうが、情け容赦などなかった。

あるとき信長は、摂津から播磨にかけて勢力を誇る荒木村重が毛利輝元を通じて密かに謀反を企てていると耳にした。

信長は即刻、村重へと兵を進めた。村重と手を結んでいた高山右近、中川清秀は1ヶ月もしないうちに信長軍に降伏。たまらず村重は毛利に援助を頼むものの、毛利も兵を出してくれない。

このままでは殺されると思った村重は、妻子や一族を自分の有岡城に置き去りにして、数人の家臣を連れて城から逃げることを決意。まずは尼ヶ崎城、それから花隈城、さらには備後尾道へと逃げ、毛利家に庇護を求めた。

村重の逃亡後、有岡城は焼き払われた。一族の城代・荒木久左衛門は開城するとこう約束した。

「村重に会って降伏するように説得してくる」

妻子一族を人質として預け、久左衛門は村重のもとへと急ぐが、村重がどうしても会ってくれない。万策尽きた久左衛門は、約束を反故にして逃亡してしまったのである。

これに対し信長は言うまでもなく激怒。人質全員を死刑にするよう命じた。むろん、人質たちは泣き喚く。幼子を抱えた者も、妊娠している者もいた。

しかし信長は女だろうが子供だろうが容赦はなかった。

尼崎付近の七本松で、122人の人質たちをすべて磔にした。幼児がいた母は、幼児を抱きかかえさせて共に磔に掛けた。

人質たちは鉄砲で次々と射たれ、あるいは槍や薙刀で刺し殺された。泣き叫ぶ声が一斉に上がり、天にも響かんばかりだった。そのあまりにも悲惨な光景に、見守っていた人々は20日も30日も、彼女たちの顔が脳裏にこびりついていたという。

しかし惨劇はまだ終わらない。

この他に中級以下の武士の妻子と召使の女性が380人、さらに処刑された妻たちに仕えていた若党など、124人の男性が集められた。

合わせて504人もの人々を4つの家に分けて押し込めると、周囲に枯れ草を置いて火を放った。焚き殺しの刑である。風が起こって火が回るたびに、中の者たちは魚のように飛び跳ねながら悲鳴を上げ、ひとり残らず焼け死んだ。

あまりにも残虐な仕打ちだが、信長は徹底していたのである。自分に逆らう者は容赦なく征伐するのだ――と。

比叡山の焼き討ち

信長の大量殺戮で最も有名なのが、比叡山の焼き討ちであろう。信長を語るときに避けては通れない歴史的大事件である。

信長は、宗教勢力を眼の敵にしていた。とりわけ比叡山の力は強大で、浅井・朝倉連合を支援し、近江全体に強力な勢力を誇っていた。民衆を結集させ、死をも恐れない狂信的な集団を作り上げていたことも、信長が警戒心を強めた一因となった。

1571年、信長は比叡山を襲撃。一斉に火を放った。

山にいた老若男女は皆、突然の大火に裸足のまま逃げまどった。しかし、あらゆる方向から火の手が襲いかかってくる。山の四方に火が放たれたため、逃げ道は全く断たれていた。煙は化け物のように膨れ上がり、一山すべてが灰と化した。

3000人もの宗徒が火にただれて焼け死に、無残な遺体が折り重なった。伝来の秘仏も経巻も宝物もすべて炎の中に消えた。まさに地獄絵図だが、信長はこれでも満足しなかった。

勝家に命じて、命からがら避難した者をひとり残らず逮捕すると、順番に斬っていった。比叡山を代表する高層、学識の高い層、さらに女、子供……、誰であろうが処刑の対象となった。

「私どもはお助けください」そんな懇願をする僧もいたが、信長は完全に無視し、1600人もの首を斬らせた。斬っても斬っても、捕虜の列は途絶えなかった。

3000人を焼き討ちにしたうえに、1600人を斬首した信長。ネロによるキリスト教徒惨殺の数が200人〜300人だったことを考えると、桁外れの数字だといえよう。

比叡山延暦寺の焼き討ちの図

だが一方で、この比叡山焼き討ちこそが信長の最大の功績だとする見解もある。信長が生きた時代、宗教団体は自らの信仰を守るために武装し、他の宗教団体といがみ合っていた。焼き討ちにされた比叡山延暦寺も例外ではなく、対立していた法華寺院21ヶ寺を燃やし、多くの人々を虐殺した。その法華経もまた、ライバルである本願寺の焼き討ちを行っている。

そんな血で血を洗う宗教戦争に終止符を打ったのが、信長の「比叡山焼き討ち」だという見方もできる。

実際、信長は宗教の自由を弾圧したわけではない。比叡山にしても、彼らが原理主義を捨てると、信長は信仰の自由をすべて認めた。信長は宗教そのものではなく、自分たちの教えを他者に押し付け、政治に介入してくる「原理主義者」を排除したのである。

歴史作家の井沢元彦氏は『英雄の世界史』で信

長をこう絶賛している。

「こうしてヨーロッパやアメリカでも、いや世界のどこでも完全には実現していない政教分離というものが、世界に先駆けて四百年前に完成したのだ」

だが、それはあくまでも後世における見解の一つである。信長のこの行為が、仕方のないことだとして当時から人々に受け入れられたわけではもちろんない。

また、考古学者、兼康保明の「織田信長比叡山焼打ちの考古学的再検討」（『滋賀考古学論叢』第1集）によると、信長が焼失させたのは、根本中堂などいくつかの建物だけで、他の諸堂はすでに廃絶していたことがわかった。つまり、「あの信長だから……」と噂が広まり、実態よりもはるかに規模の大きい虐殺として伝わった可能性が出てきたのである。

なにしろ、この出来事から、同じく残忍だった武田信玄をして「信長は天魔の変化」と言わしめたくらいである。もはや何をしても、空前の恐ろしい所業と騒がれ、人口に膾炙する。そのこと自体が、信長の暴君ぶりをよく表わしていると言えるだろう。

あまりにも残酷な事件ではあるが、見方を変えれば、非情なまでに徹底的にやったからこそ、そこに歴史的意味が見出せるのかもしれない。

2万人を火あぶり

比叡山の焼き討ちから3ヶ月後。再び信長は大事件を起こす。

長島一揆に対する火あぶり――前回の焼き討ちを凌駕する史上最悪の大量虐殺である。

反信長だった本願寺門徒らは、尾張国長島で一揆を起こした。信長はそれを討伐しようと兵を出したが、かつて二度の敗北を喫していた。

しかし、三度目の正直とばかりに信長が軍を起こしたのが1574年。今回は一揆軍を閉じ込めようと、四方から包囲するように兵を進めた。

信長はこの戦いで一揆軍の5つの砦をすべて落とし、ようやく快勝を収める。数えられないほどの戦死者が出る中、一揆軍の2万人を信長は生け捕りにした。

そうなると、信長は得意の方法で惨殺することを提案する。そう、全員を火刑、つまり火あぶりに処すると宣言したのである。

大群衆はそれを聞いて一斉に青ざめ、ある者は必死に命乞いし、またある者は号泣した。

これだけの人数を全員火あぶりにするのはさすがに非道すぎるのではないか、明智光秀など家臣の中には、信長を諌める者もいた。だが、もちろん聞く耳を持つような相手ではない。

信長は一喝してそれを退けると、2万人を数珠繋ぎにして広場に集めさせた。そして周囲に大量の薪を積み上げ点火。地獄の火あぶりが始まった。

風に煽られると、火はみるみる大きくなり、哀れな人々を赤く燃え上がらせた。まさに火の海である。2万人が絶叫し、つんざくような悲鳴が広場に響き渡った。

こうして信長は生け捕りにした2万人をひとり残らず火あぶりにして殺した。これは信長が行った数々の処刑の中でも、最も大規模でむごいものだとされている。

本能寺の変

1582年、信長は羽柴秀吉の中国攻めを山陰方向から援護するため、明智光秀に出陣を命じた。信長自身も安土城から京都の本能寺に入り、後方支援の準備が整うのを待った。

6月1日、信長は公家衆たちを招いて茶会を催した。光秀に突然攻め込まれたのはその翌日、2日未明のことである。

「本能寺は軍勢に囲まれており、紋は桔梗である」騒動で目覚めた信長は、そんな報告を聞かされた。

桔梗は明智光秀の家紋。つまり光秀の謀反を意味していた。

この「本能寺の変」で、信長は命を落とすのだが、なぜ光秀は主君である織田信長を裏切ったのだろうか。

その背景も動機も未だに謎のベールに包まれている。真相に関しては、江戸時代から歴史家や作家、歴史愛好家などが諸説を唱えているが、その数は50余りにも上る。

明智光秀

その中の一つが以下のような内容である。

信長ら一行が信州諏訪の法華寺に陣をとったときのこと、甲州の武田攻めが首尾よくいったことから、光秀が皆の前でこう言った。

「こんなめでたいことはない。これは我らが年来、骨折った甲斐があってのこと。いまや諏訪郡のうちはみな上様の兵だ」

これを聞いた信長は、間髪を入れず激怒し

た。

「お前はどこで骨を折って武功を立てたのか！」

光秀の頭を欄干に押し付け、他の家臣も集う場にもかかわらず、めった打ちにした。

このことを恨んで光秀が謀反を決意したという。

これは史実ではなく創作だという声もある。しかし、本能寺の変を光秀の「怨恨単独説」だとする考え方では、理由や状況は違えど、信長が明智の頭をはたいたり、突き飛ばしたり、槍先を光秀の首に突きつけたりなど、激昂した信長が何らかの暴行を光秀に加えて、その報復だったとする者がほとんどである。あまりにも激しいその暴君ぶりが、自らの死を招いた可能性は低くない。

光秀の謀反と知ったとき、信長は最期にこう言った。

「是非に及ばず」

仕方がない、やむを得ないといった意味である。

信長は日頃からこの言葉をよく口にしていた。ややもすれば暴走にも見える信長の生きざまは、この言葉に象徴されるような、大胆なまでの潔さから来ていたのかもしれない。

【人食い大統領】

イディ・アミン

Idi Amin Dada Oumee (1928? - 2003)

〝黒いヒトラー〟、〝アフリカの暴れん坊〟、〝人食い大統領〟、〝アフリカで最も血にまみれた独裁者〟……イディ・アミンは、様々な異名を持つ。

元ウガンダ大統領であったアミンは、30万人もの人々を粛清し、ウガンダ国民だけではなくアフリカ、そして世界中に、血なまぐさい独裁者としてその名を轟かせている。

さらに、アミンは残虐な殺戮行為だけではなく、狂気じみた言動でも何かと話題に上る、とにかくお騒がせな人物であった。

アミンは第二次世界大戦で日本人と戦った経験があり、昭和天皇にこんなメッセージを送っている。

「日本の勇気ある神風特攻隊員をわが国に招待したい」

その強烈な個性から『食人大統領アミン』『ラストキング・オブ・スコットランド』など、映画の題材としても取り上げられたこともある。

一炊事兵から大統領まで駆け上がった、アミンのあまりに強烈な人生を追ってみよう。

ヘビー級王者・アミン

1928年（1925年とする説もある）、ウガンダの北西端、スーダンの国境近くに生まれたアミンは、小学校を中退すると炊事兵としてイギリスの植民地軍に採用される。18歳にして身長2メートル、体重100キロ超の巨漢に成長したアミンは、運動能力も高く、軍隊の中でも目立つ存在であった。

その恵まれた体格を生かし、1951年、ボクシング重量級のウガンダ・チャンピオンに輝くと、1960年まで9年間もその座を守った。

これは、アミンが大統領となってからの話だが、あるアメリカ人が、「あなたならヘビー級チャンピオンのモハメド・アリを8ラウンドでノックアウトできますね」と尋ねると、アミンは「冗談じゃない！」と言ってこう続けた。

「オレなら6ラウンドでアリをマットに沈めるぜ！」

また、アミンは大統領になった直後、その権力を駆使して無理矢理オリンピックのウガンダ代表となり、他の選手を叩きのめしたこともある。どうやら、ボクシングへの想いはずっと継続していたようだ。

話を青年時代に戻そう。アミンはボクシングだけでなく、白人だけのラグビークラブでも、初の黒人選手としてメキメキと頭角を現した。ボールを持ったアミンは「黒い爆撃機」と恐れられ、白人のフォワード3人分に匹敵する実力だったという。

イギリス軍将校たちは、スポーツでめざましい活躍を見せる炊事兵に注目するようになり、アミンは正規兵として採用されることになったが、この頃からアミンは、後の独裁ぶりに通ずる片鱗を見せ始める。

現地の村人が隠し持っている武器などを見つけるときはアミンが活躍していたのだが、その手段にはかなり問題があった。

アミンは、部下を引き連れて小さな村を包囲すると、村人を一列に並べさせてこう命じた。

「石の上にペニスを置け」

そして大鉈を振り上げると、「出さないとちょん切るぞ！」と脅すのだ。この方法でアミンは、槍や刀、棍棒、そして時には切り取ったペニスを軍に持ち帰った。

そもそも乱暴なアミンだったが、これに加えて、イギリス人将校たちから様々な拷問の方法を教わった。

「疑わしい場合は、まず撃ってから訊問にかかる」

「だまりこくった捕虜の口を開かせるには、楊枝を指の爪の間に差し込んでやればいい」

実に恐ろしい指導だが、ここで習得した知識は、アミンが権力者となってから大いに役立つこととなる。

前大統領の夫人を鞭打ち刑に

　1959年、アミンはアフリカ人として初の下士官になると、2年後には陸軍中尉にまで昇進した。アミンが話せる英語は「グッドモーニング・サー」くらいのものだったが、イギリス人同僚の助けも借りて、試験ではカンニングをしつつ、昇進試験を突破していったのだった。

　中尉の辞令を受けて有頂天のアミンは、上司であるグラハム少佐に口座を開設してもらうと、早速銀行へと足を運び、支店長から署名の練習をたっぷりと受けた。アミンが生涯を通じて1冊の本も著さなかったのは、大統領になってからも自分の名前以外は書けなかったからである。

　署名をなんとかマスターして小切手が使えるようになったアミンは、町で手当たり次第に物を買い込んだ。ビール、洋服、そして車……その額は約2000ポンド、当時の為替レートで240万円あまりである。小切手を打ち出の小槌と勘違いしたのだろうか。

　それを聞いた上司は驚き、部下の買い物の取り消しに奔走した。アミンの後先を考えない性格がよく分かるエピソードだといえよう。

その後もアミンは押しの強さで順調に出世し、イギリスのウィルトシャー歩兵学校で指揮官コースを修了すると、帰国してから少佐となり、1964年には陸軍大佐に昇進、同時に陸軍副司令官となり、さらにその2年後には、陸軍参謀総長にまでのし上がった。

アミンのかつての上官、グラハム少佐は、アミンについて「生まれながらの優れたリーダー」と述べた。

しかし、ウガンダの最後の総督を務めたサー・ウォルター・コーツは、当時の大統領・オボテを訪ねた際、アミンについてこう警告している。

「この将校は、これからあなたにとって、数々の不都合なことをしでかしますよ」

オボテは、後にその指摘を噛み締めることとなる。

1966年、コンゴのゲリラ部隊が軍資金4万7600ドルをアミンに預けたところ、なんとこれを着服してしまった。当然問題になったが、オボテもこの事件に関与していたため、アミンは事なきを得る。

この事件をきっかけに、アミンとオボテの互いをかばい合う蜜月関係が始まった。オボテの力もあり、アミンは陸軍総司令官、陸軍少将と、出世の階段を駆け上っていく。

ところが、アミンの権力欲はこれにとどまらず、軍のすべての指揮権を手に入れようと暗躍し始める。これに危機感を抱いたオボテは、アミンを名誉職の地位に追いやり、体よく指揮権を奪ってしまった。

意を決したアミンは1971年、部下を収集してクーデターを計画する。

当時のウガンダは、深刻な赤字財政に陥っていたが、オボテは浪費を止めることはなく、インフレ率が隣接のケニア、タンザニアの約2倍に達していた。治安も悪く、殺人件数は隣接国の約3倍であった。

そんなオボテ政権への不満にも後押しされ、アミンのクーデターは見事に成功を収めた。会議でシンガポールに出向いていたオボテは、寝耳に水のまま、タンザニアへの亡命を余儀なくされた。

追い落とされたオボテは、アミンを「アフリカ人の母親が生んだ最も野蛮な人間だ」と評して悔しがったが、これはあながち負け惜しみとも言えないようだ。

なぜなら、クーデターの直後にアミンは自宅に外国人記者団を呼び付け、彼らの目の前でオボテの夫人を鞭打ち刑にしたのである。

アミンは、おびえ切った表情の夫人に尋問を浴びせ続け「アミンの権力獲得がウガンダにとって祝福に値する」と強引に認めさせた。

女性だろうが容赦ないのが、アミンのやり口だった。後述するが、アミンは元妻も信じられない方法で殺害している。

夢のお告げで30万人を虐殺

敬虔なイスラム教徒でもあった（自称だが）アミンは、自らを終身大統領および元帥に任命し、神の名においてウガンダを統治すると宣言した。

一介の炊事兵から国のトップまで上り詰めたわけだが、アミン自身はまだ伍長、軍曹だった頃から、自らが大統領になることを「夢のお告げ」で知っていたという。

「私は夢で神を見た。神は私に告げた。必ず大統領になることを知った私は、国民にも正直にこのことを話した」アミンはそう語った。

さらにアミンは「自分の死の時刻も正確に言い当てられる」とも公言していたが、具体的な日時に関しては、「極秘だ。私は家族の者に心配をかけたくないからだ」と、最後まで明かすことはなかった。

ちなみに、アミンの母は妖術使いである。血は争えないということであろう。

政権についたアミンは、まず民衆にこう言い放った。

「私は軍人だから、政治的野心などない！」

クーデターまで起こしておいて、野心がないわけがない。言葉とは裏腹にアミンは軍部の強化を進め、反対派の粛清を始める。

ナイル河が赤く染まるほど、それは壮絶なものだった。

理由もなく棍棒で殴りつけられ、腹と性器を踏みにじられ、強制収用所に入れられる者が続出した。捕まった人々は、逆さに釘を立てた板の上を監房まで裸足で歩かされた。廊下の壁は血まみれで、常にヌルヌルしていた。茨の道のりを経て監房に到着すれば、大きなハンマーの束を与えられ、お互いの頭を潰し合うように命じられた。

町で突然連行された教師は、次のような証言を残している。

「兵士たちは、彼らを殺せと命令した。私たちは彼らの頭の上に、ハンマーを振り下ろした。27人全員が、この夜、死んだ。私は3人を殺した。私はこれを恥じなければならない。私は彼らが、完全に死ぬまで、ハンマーを8回振るわなければならなかった」

他にも、出血多量で死ぬまで自分の肉をえぐって食べることを強制された者もいれば、「タバコが欲しいか」といわれて自分の生殖器を切り取られ、それを口に詰められて窒息死した者までいる。

殺されなかった囚人たちも同様に悲惨だった。中庭に逆さに吊るされ、監視兵たちのパンチボールになり、陰茎を針金で結わえられたりした。いっそのこと、殺された方がまだ楽だったかもしれない。

アミンは「夢のお告げで側近達の破廉恥な行為を知った」などといった、滅茶苦茶な理由で処刑してしまうことさえあった。謀反人の銃殺刑には国民を招待し、見世物にした。

地獄以下のような国家だが、アミンは後に記者の質問に対し、平然とこう答えている。「ウガンダで人殺しをやったなんて報告は嘘である。私は国民に大いに人気がある。ほんとだよ。1972年9月に、殺されたものもいたが、彼らは反逆者なのだ」

独裁者にとって、反逆者を殺すことは人殺しにならないようだ。

粛清の嵐の中、信じられない理由で水力発電所が止まってしまう。なんと、ナイル河に浮かぶ死体があまりに多過ぎて、水口を塞いでしまったのだ。

また、魚が死体によって毒されていないか、と漁師たちが恐れたために魚不足にもなった。

アミンとその兵士たちによる殺戮は、もはや環境破壊規模になっていたのである。事故に見せかけて殺された者を加えると、アミンが統治している間に殺された人の数は30万人を下らないといわれている。

国連では、ウガンダでの人権問題が大きな課題となった。至極当然だといえよう。

インテリを切り刻んで焼き殺す

アミンの粛清リストの中には、最高裁判長であるベネディクト・キヌワカの名前も載った。

あるとき、イギリス人がスパイ容疑で逮捕されたが、断定材料がなかったため、キヌワカは彼らを釈放した。

疑わしきは罰せず。裁判長として真っ当な判断だが、これを知ったアミンは激怒し、キヌワカに二者択一を迫った。

「犯人を再び連れ戻してくるか、それとも自ら監獄に入るか」

震えあがったキヌワカはすぐに「犯人」を連れ戻してきたが、結局アミンはキヌワカを裁いた。二択などではなく、イギリス人を逃した時点でキヌワカの運命は決まっていたのである。

キヌワカは憲兵たちに捕らえられ、執務室を引きずり出されると、裁判所の廊下で身包みを剥がされた。そして、アミンの近衛兵の立会いのもと、哀れにも全身を細切れにされたのだった。

まずは両耳をそがれ、鼻をもがれ、腕を切り落とされた。最後は生殖器をぶった切られ、残った部分は無残に焼き払われた。

アミンはインテリを嫌っていた。キヌワカのように知性の高い者は、自分の座を脅かす可能性があることを重々知っていたのだろう。ヒトラーやスターリンも法律家を嫌ったというから、アミンに限らず、独裁者にとって、法律家とは最も邪魔な存在なのかもしれない。

キヌワカは存命中、アミンがイスラエルへと旅立った際、アミンを見送りつつテレビ記者に軽口を叩いている。

「留守中、彼を失脚させるのは容易ではないよ。彼は旅行の際、安全をはかって、政敵全部を連れて行くんだから」

こうしたキヌワカの発言も、アミンの警戒心を強めたのかもしれない。

アミンが粛清したインテリは、前大統領オボテ時代の官僚6人をはじめ、裁判官、教授、知識人、軍部の数百人に及んだ。「知識など身につけなければよかった！」という声が地中から聞こえてきそうだ。

アミンのインテリ嫌いは国内にとどまらなかった。隣国ケニアのジョン・カッゾラは、カンバラ出身の弁護士で、アミンと対立していたが、ある日、ナイロビの自宅で喉を切られた死体となって発見された。これはアミンが差し向けた暗殺者によるものだといわれている。

政敵の首を切る場面をテレビで流したこともあった。このときアミンは「血が映えるように白い服を着せろ」と命令していたという。アミンの独裁者ぶりが世界中に衝撃を走らせたのは言うまでもない。

「黒いヒトラー」。いつしかアミンはそう呼ばれるようになっていた。

アミンと関わった女たちの末路

女好きだったアミンは、部隊が駐留した各地に愛人を作り、彼女たちを「ダダ（お姉さん）」と呼んでいた。こんな男が大統領になれば、女癖の悪さがエスカレートするのは自明の理だ。中世時代の君主よろしく、アミンは相手を自由に選んだ。むろん、それを拒絶することは死とほぼ同義であった。

アミンがある令嬢に恋をしたときも大変な騒ぎになった。

エリザベス・バガヤという王女に惚れ込んだアミンは、彼女を外相に据えた。公私混同も甚だしいが、嫉妬深いアミンは彼女を外相にすることで、自分の監視下に置きたかったのだった。

だが弁護士、マネキン、モデルという変化の激しい人生を送ったバガヤには、他にも多くの男性と関係があった。アミンはそのひとりに過ぎなかったのだが、もちろんアミンはそんな状況に我慢できない。

アミンは彼女を「空港のトイレで身元不明のヨーロッパ人とセックスしようとした」という罪で裁判にかけた。さらにマスコミを使って、バガヤの浪費好きを書き立てさせるなどネガティブ・キャンペーンを展開。ヌード写真（本人は「自分ではない」と否定）まで公開され、バガヤは国外へと逃亡した。

バガヤが外相に就任した際、職を奪われたマイクル・オンドガという外交官がいる。彼は、命知らずなことに、バガヤに恋をしておりしかも密接な関係にあったのである。オンドガはアミンに解任されてもめげず、「愛のために職務を犠牲にしてもいい」と言い切った。独裁者に立ち向かう男の姿はまるで映画のヒーローのようだが、現実は甘くない。

ある日の朝、オンドガは娘を幼稚園まで送り届けると、5人の男に自動車の中に引きずり込まれた。幼い娘は父親が連れ去られる様子を呆然と見送るしかなかったという。ワニに食い荒らされたオンドガの死体がナイル河に上がったのは、それからしばらく経ってからだった。

オンドガの死について、アミンはこうとぼけた。

「たぶん帝国主義者のスパイが彼を誘拐し、殺害したのだろう」

アミンの恋敵になるということは、命を失うということなのである。

旅行に出かけるときも必ず女性を伴ったというアミン。生涯を通じ、30～35人の子供を女性に産ませ、子沢山のアミンはこう自慢していた。

「私は素晴らしい狙撃手だ」

弾があまりにも当たりすぎたため、正確な数は自分でも分からないようだ。

アミンは生涯で4人の妻を持った。イスラムの掟で妻は4人まで持つことが許されているからだ。そのうち3人とは、何の前触れもなくテレビ演説中に離婚を表明した。にもかかわらず、しつこいアミンは、離婚後も元妻たちを部下に監視させ、報告書を上げさせていた。

妻たちの運命はどれも過酷なものだった。アミンはベッドで国家機密をぺらぺら話すことがあったため、ことあるごとに妻たちは陰謀の容疑をふっかけられ、時には逮捕されて暴力をふるわれることもあった。自ら機密をばらしておいて、後で疑って処罰するというわけだ。呆れてものも言えない。

妻のうちのひとりは行方不明になり、また別のひとりは計画的と思われる事故に遭い、あやうく命を落とすところだった。そして、とりわけ悲惨だったのが、ケイ・アドロア

ケイ・アドロアとアミン

である。

アドロアはアミンによって葬り去られたオンドガと親戚関係にあったため、オンドガの死体が見つかると、怒りを露にして出て行った。アミンが離婚を表明したのは、その3日後のことだった。

だが彼女はその後、車のトランクのダンボール箱から死体となって発見された。

死体となったアドロアは、両腕両足を切断されていた。胸部は丹念にビニールで包装されていたが、足2本は無造作にダンボール箱につっこまれていた。離婚から半年も経たないうちの惨事であった。

アミンは、アドロアの死体を復元させ、彼女が生んだ4人の子供たちに見せて、こう言った。

「邪悪な母親がどんな目に遭うか、よく見ておきなさい」

復元されたアドロアの四肢は、前後左右が逆に縫い付けられていた。

アジア人を追放して経済破綻

「ウガンダ市民ではないアジア人は国外に追放せよ」アミンは１９７２年、こんな夢のお告げを聞く。

その翌朝にはイスラエル人やインド人など5万人のアジア人を国外に追放することを決定。結果、３５００もの企業がウガンダに置き去られ、イギリス系の企業は国有化された。

当時は、ウガンダの貿易額の75パーセントが、イギリスによってインドから連れてこられたアジア商人に支配されていた。イギリス国籍のインド人が国内の産業・商業をほぼ牛耳っていたといっても過言ではない。

つまり、アフリカ商人はアジア商人にずっと煮え湯を飲まされてきており、ウガンダは何年間も貿易赤字に苦しんでいたのだ。そんな状況でアミンから出されたのが、この「経済戦争」宣言だった。慌てたアジア商人たちは、移せる財産をすべて国外に避難させようとする。

ところが、国外に行く途中で様々な嫌がらせや暴力を受け、紙幣、時計、装飾具などを略奪されることもあった。空港に着くまでに5回も暴漢に襲われた婦人や、自らの肛門に深く指を突っ込むよう強要され、それを舐めろと命令された者までいた。

この追放劇について、アミンはこう胸を張っている。

「ウガンダの経済は100パーセント、アフリカ人の手に渡った。ウガンダは純粋なブラック・アフリカの先頭を切った」

しかし、ことはそう単純ではない。

追放されたアジア商人の多くは、在庫品を補充せずにすべて国外へ売り払ったため、新たに任せられた黒人商人たちは、からっぽの商品棚の前で呆然とするしかなかった。

特産品の柱である木綿とコーヒーの輸出額は、1972年からたった1年で50パーセントも収縮。ウガンダの貿易は急速に停滞し、銀行は次々と倒産した。インフレが進み、紙幣は紙くず同然となった。さらにアジア人医師がいなくなったことで、医薬品の供給がままならなくなった。医療機関は軒並み閉鎖に陥った。

困ったことに、アミン自身も履く靴がなくなった。ささやかな反抗だろうか、アジア商人たちは、アミンが履いていた30センチの靴をすべて国外に持っていってしまったのである。

結論から言うと、散々な改革だった。アミンは経済オンチだったのだ。財務大臣から国家の財政が底をついたとの報告を受けたときに、アミンはこう言い放っている。

「貴様らは腑抜けか？ 金がないなら、答えは簡単だ――新札を刷れ」

まるで子供の発想である。アミンは経済政策において、そうした大失政をしておきながら、自身の政治腐敗について問われたときには、こう豪語した。

「国の経営は、大きなビジネスのようなものだ。それに相応しい報酬を取るのは当然だ！」

賄賂に関して完全に開き直っているのがアミンらしい。だがそもそも、大きなビジネスなら夢のお告げで決定しないでいただきたいものである。

アミンの顔が入った10シリング紙幣

人食い大統領

1975年、カンバラで開催されたアフリカ統一機構首脳会議において、アミンは議長を務めた。ここでもやはり彼らしい暴走を見せている。

そのカクテルパーティで、アミンが入場してきた瞬間、

自らの乗る神輿を白人たちに担がせるアミン

参加者はみな目を見開いた。

アミンは4人のイギリス実業家に乗用車のシートを担がせ、その上であぐらをかいて王者のように入場してきたのである。その頭上では、5人目の白人、スウェーデン技師が大型のパラソルを掲げていた。

あまりにも突飛なパフォーマンスに、居並ぶヨーロッパ人たちは爆笑の渦に包まれたが、一部の外交官たちは「アミン将軍は、自分の存在理由を示し、そうすることでアフリカの存在を認めさせようとしている」と、苦々しく感じていたという。

アミンは外交においても、他国の大統領を挑発したり、問題発言をすることが多かった。ヒトラーのユダヤ人絶滅政策を大いに評価していたアミンは、ヒトラーの記念碑を建てようとしたが、当然のようにソビエトの猛反対に遭い、断念した。

イタリアに訪問したときは、記者たちにこんな発言をして驚かせた。

「俺がここに来たのは、我が麗しのウガンダへの観光促進のためだ。何なら、俺が自費でイタリア国民全員をウガンダに招いてやってもいい。象だのサイだの撃ち殺し放題だ」

動物を撃ち殺し放題とは、大統領とは思えない衝撃発言である。

イギリスのエリザベス女王には、「リズ」と呼び捨てにする電報を送ったうえに、こう言い放った。

「本物の男が見たいなら、俺の国に来てみるがいい」

ウォーターゲート事件の渦中にあった、アメリカのニクソン大統領にはこの電報。

「国民があんたを理解してくれないなら、あんたのことが大好きなパパ・アミンの許へ来るがいい。両頬に接吻してやるよ」

追伸ではこんな一文が添えられていた。

「国家の安定が危機に陥ったとき、唯一の解決法は、残念なことだが、敵対している奴らの頭目を牢獄にぶちこんでやることだ」

そして、数多いアミン語録の中でも、一番波紋を呼んだのがこの発言であろう。

アミンは、「人肉を食った」と吹聴し、その味についてこんな感想を残している。

「塩気が多すぎる」

アミンが「人食い大統領」と呼ばれるのは、この発言に由来する。

紛争の決着はボクシングで

アミンの独裁政権に終止符が打たれたのは、タンザニアへの侵攻が決め手であった。

1978年、アミンはタンザニアに侵攻し、ニエレレ大統領をこう挑発した。

「紛争の決着はボクシングでつけよう。おれは片腕を背中にくりつけて相手をしてやる」

本当に戦いたかったのか、アミンはこの直後、アントニオ猪木との異種格闘技戦の話に応じ話題となった。結局、実現することはなかったが、レフリーはモハメド・アリともいわれていたので、もし行われていれば歴史的な一戦となったに違いない。

軽口を叩く余裕を見せていたアミンだったが、タンザニア軍が次第に反撃を始め、それをきっかけに国内の反対勢力が「ウガンダ国民解放戦線」として立ち上がった。あまりにも横暴な政治に対し、民衆は我慢の限界に達していたのだろう。

そんなゴタゴタした中で、アミンはタンザニアの侵入を許し、ついに首都カンパラを陥落されてしまう。

こうして、アミンはサウジアラビアに亡命することとなり、8年間の政権に終止符が打たれた。

亡命中のアミンは「アパートが狭い」「大勢の子供を養うのに金が足りない」など、およそ元大統領とは思えない落ちぶれた不満を漏らしていたという。

2003年7月、持病の高血圧が悪化しアミンは危篤状態になる。数日後には意識を回復させたものの、結局、8月16日にこの世を去った。

実はアミンは、生涯で10回以上も暗殺の危険にさらされており、そう考えると、70歳を超えるまで生きたアミンはかなり長生きだったと言えるだろう。

アミンの素顔

さて、本項ではアミンの大暴れぶりばかりをとりあげてきたが、ニュースキャスターの木村太郎氏は少し異なった印象を持っているようだ。

木村氏は実際にアミンにインタビューした際、その穏和な性格に驚いたという。インタビュー後は、ウガンダを車で一回りし、国民の声を聞いて回っている。

「本当の彼は国民から慕われていて、我々の人間像と違ってびっくりしました。これにはいろいろ裏事情があって、アミンはウガンダからインド系の商人を追い出したんですね。アフリカではインド系がマスコミを握っていたので、それに反抗して反アミンキャンペーンを展開したわけです。実際、彼が隣に息子を載せて車に乗っているところも見たし、独裁者という感じは全然しなかったね」

もちろん、この国民の反応をすべて真実だとすることはできない。独裁者政権下におかれた国民たちは、見知らぬ外国人にアミンの悪口を言うほど軽率ではないからだ。

さらに、インド系商人の恨みを買っていたというのも確かだが、虐殺については数多くの状況証拠も残っており、すべてがキャンペーンの力というのは無理があるだろう。

しかし、国民にとって、アミンがただの残酷な独裁者以上の存在だったことは、一理あるかもしれない。

宗主国の言いなりになるしかなかった植民地の大統領として、アミンは他とはひと味もふた味も違った。アメリカやイギリスなど、名だたる大国相手に一歩も引かない態度で挑んだアミンは、ウガンダだけではなく、アフリカ全土の人民にとって、頼もしい存在ではあっただろう。

アミンは、自分自身のことをこう評している。

「たくさんのアフリカ人が、私こそがアフリカの英雄だと書きつづっている。私は彼らが私を愛していると確信している」

【現人神】

始皇帝

ShíHuángdì (B.C.259 - B.C.210)

「皇帝」とは「煌々と光り輝く上帝（天の神）」を意味する。「王」とは人間界での頂点をいうが、「皇帝」はその人間を超越した支配者のことをいう。

その称号を中国史上初めて使った男、それが秦の始皇帝である。

始皇帝は絶対的権力者として民衆を抑圧してきた。

万里の長城を建設するために過酷な労働を強いて多数の死者を出し、また、焚書坑儒《ふんしょこうじゅ》による思想弾圧を行うなど、あまり歴史に詳しくない読者でも学校の授業などで、始皇帝の圧政については聞いたことがあるのではないだろうか。

とはいえ、始皇帝は天下を統一し、強力な中央集権国家を築くという大事業を成し遂げたのも事実だ。

稀代の暴君か、偉大なる中国の祖か。果たして始皇帝とはどのような人物だったのだろうか。

母の浮気相手を八つ裂きに

紀元前259年、後に始皇帝となる政《せい》は、趙《ちょう》の国の人質だった子楚《しそ》の子として邯鄲《かんたん》で生まれたが、その出生には少し複雑な事情がある。

政の父である子楚は、二十数人の兄弟の中から選ばれ、趙の国に人質に出された。子楚の母の身分が低かったことがその理由のようだ。

そんな子楚に目をつけたのが商人の呂不韋《りょふい》だった。

「掘り出し物だ、買っておこう」

呂不韋は、人質の身である子楚の面倒をいろいろと見て、経済的にバックアップした。さらに子楚が将来的に秦王の座につけるように工作を謀った。

実際にこの策略は身を結び、後年子楚は秦の王となり、呂不韋には宰相の地位が与えられた。

子楚は、呂不韋を通じて知り合った趙姫と呼ばれる女性を妻にした。そして生まれたのが政だ。

しかしである。実は、政の本当の父親は子楚なのか呂不韋なのかがよく分かっていないのだ。『史記』の「呂不韋列伝」では、子楚が趙姫を妻にした経緯をこう伝えている。

「呂不韋は邯鄲の女のなかでも容姿抜群で舞いに巧みな者を家にいれていたが、身重になったことが分かった。そのとき呂不韋の家へ宴会に招かれた子楚は、その女を見て惚れ込み、立ち上がって呂不韋に祝辞を述べたついでに、女をくれまいかと頼んだ。呂不韋は腹を立てたが、これまで家産を預けて子楚のために計らってきたのは大魚を釣り上げる目的であったと思いなおし、やがてその女を献上した。女自身も身ごもっていることは隠していた。それから12ヶ月たって、政という男の子を出産した」

この記述に則れば、趙姫は結婚時にすでに妊娠しており、政の父親は呂不韋ということになる。

しかし、『史記』の中でもメインの「秦始皇本紀」にはこの記述がないことから、その信憑性を疑う声もある。

ただ、子楚と趙姫、そして呂不韋のこの複雑な関係が後に大事件を起こす布石となったのは確かだ。

子楚は秦王になって3年足らずで急死してしまう。このため、息子の政が若冠13歳にして王の座に就くこととなった。

だがあまりの若さゆえ、実権は宰相の呂不韋が握った。呂不韋は召使を1万人も抱えるほどの権力を持っており、政治のほとんどを取り仕切った。

また、未亡人となった政の母と呂不韋は、いつしかよりを戻すようになる。ふたりは昔を思い出すように、逢引を重ねるようになった。

だが政が成長するにつれて、呂不韋は段々と恐ろしくなってくる。宰相の立場の自分が、王の母と情事を重ねていることが明るみに出れば一大事である。

そこで呂不韋は、スキャンダルが発覚する前に距離を置こうと、巨根の男・嫪毐《ろうあい》を太后に紹介した。

太后は呂不韋の思惑通りに嫪毐に夢中になったが、ひとつ大きな誤算が生じる。なんと、太后が妊娠してしまい、嫪毐との間に子供がふたりも生まれてしまったのだ。

太后の後ろ盾ができた嫪毐はどんどん勢力を拡大し、呂不韋と並ぶほどの権勢を誇るようになった。子供の存在は、呂不韋の協力もあり、政にはなんとか隠し通していた。

しかし、そんな重要なことがいつまでも王の耳に入らないはずがない。密告により、政はすべてを知ることになる。

もちろん政は怒髪天を衝く勢いで激怒した。

先手を打つように嫪毐は反乱を起こすものの、ただちに鎮圧された。政は嫪毐を八つ裂きにして、さらし首にした。さらに嫪毐の父母、兄弟、妻子すべてを殺す「三族皆殺しの刑」に処した。幼い子供ふたりまで容赦なく処刑した。

まるで、これまで権力を持てなかった悔しさを爆発させるかのような厳しい処罰である。

黒幕の呂不韋も地位を解任されて、追放。自分も政にいつか殺されるだろうと考え、その2年後には毒を食らい自害した。

これで事件は収束したかに見えたが、政は自らの母親も許すことができず、宮殿に幽閉してしまった。

「母のことでとやかく諫言するやつは、殺してその四肢をバラバラに断ち、宮門外に並べてやるぞ」

その結果、27人がその通りに惨殺された。

こうして、陰の実力者だった呂不韋はいなくなり、名実ともに秦王・政が政治の実権を握ることになる。

少年時代の復讐を果たす

政が生まれた戦国時代では、7つの国が覇権を争っていた。

韓《かん》、魏《ぎ》、趙と、さらにこれを取り巻く燕《えん》、斉《せい》、楚《そ》、秦である。中国大陸の西を拠点としていた秦は、元々この7国の中で最も遅れた国とされていた。

しかし、政の数代前の王が富国強兵を始めてから勢力は徐々に拡大。政が実権を握った頃には、秦は中国の半分近くを領有していた。

他の6カ国に比べてかなり有利な立場にあったわけだが、その軍事力を政はさらに強化した。

政は個人の能力を重視し、たとえ異国人であろうが、実力があればどんどん出世させた。

兵馬俑

1974年に土の中から発掘された世界遺産・兵馬俑《へいばよう》（兵士や馬の像）を見てもそれはよく分かる。
小柄で顎がほっそりとした蜀の国の兵士、後頭部が突き出た西アジア系の兵士、他にも、北方の民族・匈奴《きょうど》出身の兵士など、その顔ぶれは実に様々だ。
また、他国の戦法も長所があれば取り入れ、乗馬に長けた遊牧民の戦い方を参考にしたこともあった。
政の暴君らしからぬ柔軟性については、こんなエピソードがある。

あるとき、政は隣国の韓からやってきた技術者の鄭国《ていこく》にアドバイスされ、長さ2600メートルにもわたる巨大ダムの工事に着手した。咸陽《かんよう》の西を流れる涇水《けいすい》をせき止め、それを農業用水として使用するためだ。

だが、これは韓の陰謀だった。鄭国を送り込み、巨大工事により秦の資金と労働力を浪費させる作戦だったのである。陰謀が発覚すると、鄭国は罪を認め、こんなことを言った。

「私は確かに間諜でございました。と申しましても、渠《りょう》が完成すれば、それはまた秦の利益となるのではございませんか」

捕えられたスパイは直ちに処刑され、工事は中止――誰もがそう思ったに違いない。ところが、政は鄭国を釈放し、建設工事を続行させた。なんとスパイのアドバイスを取り入れたのである。

工事は10年にわたって行われ、ようやく巨大ダムは完成した。

結果としては、このダム建設によって23万ヘクタールの土地が水を得て畑になり、秦は100万人もの人間を養う豊かな農地を手に入れることに成功した。

秦の国力を奪うための隣国の陰謀は完全に失敗に終わった。このダムは提案したスパイの名前から「鄭国渠」と名付けられた。

鄭国渠跡

政はその後、まずは鄭国を送り込んできた韓を陥落させ、翌年には趙に侵攻し支配下に置いた。この頃の秦の軍事力は圧倒的な強さを誇っていた。

政は趙を陥落させると、豪華な馬車に乗って、国都・邯鄲《かんたん》に降り立った。占領下においたばかりの敵国に王が現れるのは異例のことだったが、政にとって趙は特別な国であった。

すでに述べたように、政の父・子楚が人質として趙に捕らえられていたため、政は9歳までの幼少時代をこの地で過ごしていた。

人質だった子楚は、あるとき身が危なくなったため、呂不韋に助けられながら命からがら秦に戻った。それから子楚が王となって呼び寄せられるまでの6年間、政は民間人にかくまわれながら、母とふたりで趙で生き延びたのだった。

思い出されるのは、人質の子供として受けた屈辱の数々……。

政はかつて自分や母親を迫害した連中を探し出

し、片っ端から捕らえた。そしてひとり残らず生き埋めにし、皆殺しにしたのであった。

自らを神と信じたファーストエンペラー

紀元前221年、秦はとうとう最後の一国、斉を滅ぼした。500年あまり続いた戦乱にピリオドを打ち、ついに中国を一つにまとめ上げたのである。

このとき政は、「王」ではなく、新たな呼び名を思案する。「王」では自分が滅ぼした6ヶ国のかつてのトップと同格になってしまうからだ。

政は「皇帝」と名乗ることに決め、こう宣言した。

「朕は最初の皇帝なるがゆえに始皇帝と称する。朕のあとは順次、二世皇帝、三世皇帝と称し、これを千万世の後までも無窮に伝えるものとする」

始皇帝が誕生した瞬間である。

そして望み通り、この「皇帝」という称号は、清朝が滅びるまでの2000年以上もの間、正式な呼称として使われた。

始皇帝は、紀元前219年から征服した東の旧6ヶ国の視察を開始する。自分専用の銅車馬に乗り、家臣や将校を引き連れ、各地で絶対権力者の力を誇示し、各地で自らの顕彰碑を建てた。

この東方巡礼は、始皇帝の生涯で5回にわたり行われた。

一番の目的は、聖なる山・泰山《たいざん》に登り、山頂で「封禅《ほうぜん》」という、偉大な業績を上げた王にのみ許された儀式をすることだった。そこで始皇帝は、自らが王を超えた現人神《あらひとがみ》であると宣言したのである。

泰山での封禅を終えた始皇帝が向かったのは、かつての楚の国にある湘山《しょうざん》。長江の南にそびえ立ったその山は、地元から厚く信仰されていた。

しかし、始皇帝が訪れたときは、長江が氾濫しており湘山に立ち寄ることができなかった。行く手をさえぎる強い風に、始皇帝は激怒。自分はいまや神であるというのに、なんと無礼な湘山の神よ——。

始皇帝は、3000人の刑徒を動員し、湘山の木を1本も残らず伐採してしまう。緑あふれていた湘山は変わり果てて、赤土がむき出しになった。

当時、赤は罪人が着る服の色だったため、湘山は「罪人の山」という辱めを受けた。湘山を代々祀ってきた人々は胸を痛め、始皇帝へ深い恨みを抱いた。

また、始皇帝はこの頃からある欲望に心を奪われるようになる。

それは「不老不死」であった。

始皇帝はこのときまだ40代だったが、当時の年齢としては若くはなかった。医学や薬学に精通しており、肉体の不滅を説いていた「方士《ほうし》」を、身の回りに何人も置いた。

始皇帝の不老不死への思いは歳をとるにつれて募り、その願望は恐るべき惨殺劇へと繋がっていく。

万里の長城を建設

始皇帝は統一した国土だけでは満たされず、領土拡大への道を辿り始める。きっかけは、ある予言書に書かれた一文だった。

「秦を滅ぼす者は胡《こ》なり」

胡とは北方の異民族「匈奴」のことである。

匈奴は、部族の統合を進めて強大な力を持った騎馬民族で、秦の北部をおびやかしていたため、始皇帝も手を焼いていた。

予言を真に受けた始皇帝は、匈奴討伐のため30万の大軍を北方に出兵。河南（オルドス）の地を巡って戦争を開始した。

さらにその翌年には、さらなる領土拡大を目指し、中国南部の百越に50万の大群で総攻撃をしかけた。遠く離れた国の南北で、同時に大規模な戦争を始めたのである。その結果、北は匈奴を占領。さらに南は南海三郡を領地とし、港からの東南アジアへの交易ルートを手に入れた。この戦争によって中国の領土は大きく拡大する。

とはいえ、戦時体制の最中に始皇帝は次々と大土木作業を民衆に命じて、そのために多大な犠牲が払われたのもまた事実だ。

南方への遠征では、軍をすばやく動かすためと補給路の確保のために、始皇帝は漓江《りこう》と湘江《しょうこう》のふたつの河を結ぶ運河の建設を命じた。

しかし両河川の間には高低差があり、運河の建設は困難を極めたため、工事は失敗が続いた。紀元前214年にようやく運河「霊渠《れいきょ》」が完成するまで、失敗のたびに始皇帝は将軍たちを処刑した。

そして北では、オルドス地域を包囲するための「万里の長城」の建設が行われた。

現在、われわれが知る万里の長城は明の時代に築かれたもので、始皇帝による万里の長城は、それよりも北方に位置している。

実は、長城は一から造られたわけではない。戦国時代には、各国が北方民族や隣国の侵攻から自国を守るために国境の城壁を築いていた。始皇帝はそれを再活用し、一つに繋いだのだ。

しかし、決して簡単な工事ではなかった。長さは5000キロメートルにもわたり、事業は困難を極めた。北海道から沖縄までが3000キロメートルあまりであることを考えると、その広大さが分かるだろう。この建設のために、30万人の人民が連行されることとなった。

また、できるだけ迅速に軍隊を戦地に送るために、咸陽から長城にかけて「直道」と呼ばれる軍用道路が造られた。これも全長900キロにも及ぶ大工事だった。

建設現場は穀物がまったく育たない不毛の地。食事は運送するしかなく、輸送コストで食料の価格は急騰し、生産地の192倍にも達した。男がいくら農耕に勤しんでも食料は足りず、女がいくら紡績に励んでもテントが不足した。

民衆の生活は苦しくなる一方であり、中国には、その過酷さの象徴ともいえる「孟姜女《もうきょうじょ》」という神話が伝わっている。

あるところに、孟姜女という女性がいた。

彼女の夫は結婚後、わずか3日で長城建設のために連行され、半年たっても何の音沙汰もない。

「寒くて死にそうだ」夫が夢でそう叫ぶのを聞いた孟姜女は、夫のために冬の着物を用意し、北方の長城に向かった。

だが、夫はすでにこの世にいなかった。

「数ヶ月前に病気にかかって死んでしまったので人柱にした」

夫の死を聞かされた孟姜女が激しく嘆き悲しんでいると、天地を揺るがす大音響が轟いた。長城の壁が四十里にわたって崩れ落ち、その壁の下から夫の白骨死体が露になった。

そこにちょうど馬車に乗った始皇帝が現れた。

「長城を修築するために、罪もない人々がどれだけ殺されたかわからない」

孟姜女は始皇帝をなじったが、その美しさに心を奪われた始皇帝は彼女に「望みのものはなんでも叶えてやる」と言った。

孟姜女は怒りをこらえ、長城の外の鴨緑江《おうりょくこう》に虹のように美しい橋を架けること、夫のために十里四万の墓を築くこと、そして始皇帝が自ら喪服を着て夫の墓を参ることを要求した。

始皇帝は孟姜女を自分のものにするため、渋々その願いを聞き入れた。

孟姜女の夫の葬儀が終わり、始皇帝が孟姜女を宮殿に連れて行こうとすると、孟姜女は身を翻してこう言った。

孟姜女の像

「私が自分の夫を売り渡すなんて思い違いも甚だしい。長城が一体何の役に立つというのか、その下に埋められている人さえ支えられないというのに」

そう叫ぶと孟姜女は、橋から身を投げて夫の後を追った。

史実ではないが、これは中国で最も多くの人口に膾炙した説法の一つといわれている。万里の長城の建設がいかに過酷で、当時の人々がいかにそれに苦しめられたかが、この話から窺える。

ちなみに、孟姜女が夫のために着物を持っていくシーンがあるが、長城の建設が行われていた草原地帯は、冬になるとマイナス30度以下にまで冷え込む極寒の地域であった。

桁外れに巨大だった阿房宮

始皇帝が命じた大土木工事はこれだけではない。

万里の長城と並んで知られているのが宮殿「阿房宮《あぼうきゅう》」と、始皇帝陵「驪山陵《りざんりょう》」である。

始皇帝は即位して以来、次々と宮殿、楼閣、庭園を造営した。しかしそれでは物足りず、前212年、始皇帝は新たな宮殿「阿房宮」を建築し始める。

この「阿房宮」だが、「阿呆（アホ）」の語源だという説がある。なぜなら、阿房宮は非常識ともいえる「中国史上最大」の木造建築物だったからだ。

巨額の税金が阿房宮につぎこまれ、国は財政難に陥ってしまった。それを揶揄する意味で「阿房宮」から「阿呆」という言葉が生まれたという説だ。

阿房宮の前庭は、東西500歩（約690メートル）、南北50丈（約113メートル）、1万人が座ることができた。

その広さは「夜になって雨戸を閉め始めるとすべてを閉め終わるまでに朝までかかる」とか、「食堂が広すぎて思わず廊下で弁当を食べてしまう」など

阿房宮跡

といわれるほどだった。

実はこの阿房宮、あまりの大きさのため、始皇帝が生きている間に完成を見ていない。始皇帝の死後も建築は続けられたが、秦の滅亡により、結局未完のままとなった。

この阿房宮と繋がっていたのが、皇帝の墓である驪山陵だ。高さは87メートルで、城壁は二重に張り巡らされ、城壁の長さは10キロメートルにも及び、さらに内部にも様々な仕掛けが施されていた。

この二大建設物の建設には、70万人以上の徒刑者が動員された。これに「万里の長城」などその他の建築も加えると、総動員数は３００万人を超える。

中国の当時の人口は推定２０００万人なので、全人口の15パーセントが始皇帝の造営工事に狩り出されていたのだ。国全体が疲弊していったのも当然だといえよう。

焚書坑儒で儒家を弾圧

相次ぐ大土木工事に並び、始皇帝が暴君とされる一番の所以が、悪名高い「焚書坑儒」である。

それは、始皇帝の47歳を祝う席で起きた口論がきっかけだった。ある儒学者が始皇帝に、郡県制を廃止して、かつての「封建制度」を復活させるようにこう主張した。

「古を手本とせずに長続きした君はおりません」

しかし、始皇帝のブレーンである李斯《りし》はこれに猛反対。「始皇帝が天下統一という大業を成し遂げられたのは、古に手本を求めていないからだ」とおべっかを使い、始皇帝に対して儒家を次のように評した。

「彼らは陛下を非難し、陛下の命に異を唱えることによって虚名を博し、徒党をなして誹謗に明け暮れているのです。このような輩を放置しておいては、やがて、陛下の権威を汚すにいたりましょう。即刻、取り締まるべきかと心得ます」

続けて李斯は、信じられない提案をする。

「儒生の知識のよりどころとなる書物は、これをすべて焼き捨ててしまいましょう」

始皇帝は、首を縦に振った。

まずは秦以外の諸国の史書がそのターゲットとなった。さらに、博士官に所蔵されるもの以外で、民間が私蔵する詩、書、百家の書物などはすべて提出を義務付けられ（医学・占い・農業などの実用書などを除く）、無残に焼き捨てられた。

掟を破った人々に対する処罰は重い。詩や書について集団で議論する者はさらし首。昔のことを引き合いに出して現代を批判する者は一族を皆殺し。これらを守らない者を

『坑儒焚書』という絵。奥には、焚書坑儒の様子を見つめる始皇帝の姿が描かれている

知りながら告発しない官吏も同罪で、禁書令が下されてから30日経っても従わない者には、入れ墨をしたうえで重労働の刑に処した。

　この「焚書」は思想弾圧事件として人々を震え上がらせたが、数年後にさらなる悲劇がおきる。

　始皇帝は相変わらず不老不死を目指し、多数の方士たちに「不死の仙薬」を探させていた。とはいえ、そんなものは見つかるはずもなく、ある日、ふたりの方士が始皇帝を陰でこき下ろして逃亡してしまう。

　この裏切りは、もちろん始皇帝の逆鱗に触れた。

「いまだに不老不死の薬も手に入れられず、おまけに自分の悪口を言いふらして人民の心を惑わせている」

その怒りは当の方士たちだけではなく、儒家を含んだ学者全体へと飛び火してしまう。始皇帝は、学者たちをひとり残らず査問にかけた。すると、罰におびえた学者たちは次々に他人の名前を挙げて弁解し、結果、罪が報告された人の数は460人余りにも上った。始皇帝は、彼ら全員を穴の中に放り込み、生き埋めにした。穴に埋められた者の中に儒学者が含まれていたため、これは「坑儒」といわれている。

この「坑儒」と「焚書」を足した始皇帝の一連の所業は、「焚書坑儒」と呼ばれ、暴君の悪行として後世まで語り継がれることとなった。

最期まで人民を道連れに

若かりし頃は、有能な人物であれば敵国民でも登用した始皇帝であったが、暗殺未遂や方士の裏切りなどを経て、晩年はかなり猜疑心の強い性格になっていた。お世辞ばかり言う者を周囲に置き、気に食わない者は次々に粛清した。国について意見する者はすべて追放、時には殺害することも厭わなかった。

そしてそれは、自分の息子でさえも例外ではなかった。

始皇帝の長男・扶蘇《ふそ》は、あまりにも始皇帝の横暴がひどかったため、父に粛清をやめるように訴えた。このままでは世が乱れると危惧したのである。

だが、始皇帝がそのような助言を聞き入れるはずもなく、自らの息子をはるか北方、匈奴との戦闘の最前線にまで追放してしまう。

孤独が深まるばかりの始皇帝は、紀元前２１０年、全国を巡る5度目の旅に出発したが、道中であっさりと病死する。享年50歳、始皇帝を名乗って11年目のことであった。

始皇帝の遺体は、未完ではあったものの、自慢の驪山陵に葬られた。遺体を埋める際、造営にあたった工匠たちは、ひとり残らず驪山陵の中に生きたまま閉じ込められた。盗掘されるのを防ぐためである。

後年、驪山陵の西側から、おびただしい数の人骨が見つかっている。

始皇帝を「暴君」にしたかった人々

気性の激しい性格で、時には大粛清も辞さなかった始皇帝ではあるが、実はかなりの働き者でもあった。1日に約30キロの書類を決裁するのを毎日のノルマとしており、達成するまで休息は一切とらなかった。このように、朝から晩まで政務に打ち込んだことが死期を早めたともいわれている。

また、全国を36の郡に分けて中央から官吏を派遣し、さらに郡を県に、県を卿《きょう》に、卿を亭《てい》に分けるなど、地方行政単位を作ったうえでの中央集権システム、「郡県制」の採用をはじめ、「文字の統一」「貨幣の統一」「度量衡《どりょうこう》（長さ・体積・重さの単位）の統一」など、成した功績も多い。

歴代の中国王朝が始皇帝の手法を手本とし、試行錯誤を繰り返したことを考えると、名君としての一面も評価されるべきであろう。

しかし、そう簡単にはいかない理由があった。

本文中で、始皇帝が暴君とされる一番の理由は「焚書坑儒」だと述べたが、それは単に行為自体の残虐性についてのみ言及しているわけではない。「焚書坑儒」により、後世の儒家を敵に回したという意味も含まれているのだ。

儒家は始皇帝の時代までは思想学派の一派に過ぎなかったが、漢の時代に儒家思想は国の宗教「儒教」として定められた。以後、清朝が滅びるまで2000年にわたり、儒教が国家を支配する原理となる。官僚は儒教を懸命に学び、科挙試験を通過して、国の政策にあたるようになったのだ。

そして、この儒家たちの手によって歴史の教科書が編纂されるのだから、儒家の敵、始皇帝が暴君としてことさら強調されたとしても不思議ではない。

儒家にとって、始皇帝とは残忍非道な暴君でなければならなかったのだ。

しかし時代は流れ、文化大革命の最中はその評価が一変した。1971年9月、毛沢東主席の後継者の林彪《りんぴょう》が、毛沢東暗殺のクーデターを企んで失敗。亡命をはかり墜落死する。この「林彪事件」の後、林彪を儒教思想と結びつけて批判する「批林批孔《ひりんひこう》」運動が73年秋から75年にかけて展開された。

この運動が中国全土を駆け巡ったことで、始皇帝は「革命家」として評価が急上昇し、「焚書坑儒」の意味合いもすっかり変わってしまう。焚書は「新興階級の思想・文化領域における奴隷主階級に対する独裁」、坑儒は「反革命分子に対する鎮圧」という評価を与えられることになった。

もっとあからさまに始皇帝が讃えられることもあったが、江青《こうせい》、張春橋《ちょうしゅんきょう》、姚文元《ようぶんげん》、王洪文《おうこうぶん》のいわゆる「四人組」の失脚とともに、そんな始皇帝賛美も姿を消した。

始皇帝は残虐非道な暴君だったのか、はたまた思想家孔子に対抗した革命家だったのか。評価はこれからも揺れ続けるのかもしれない。

【串刺し公】

ヴラド・ツェペシュ

Vlad Ţepeş (*1430? - 1476*)

処女の生き血を好む、「吸血鬼」ドラキュラ。

ブラム・ストーカーが著した小説「ドラキュラ」は出版されるやいなや大反響を呼び、全世界で支持された。多くの演劇や映画にもなった佳作だが、実は、これにはモデルになった人物がいる。

ヴラド・ツェペシュ――「串刺し公」と呼ばれたルーマニアの暴君である。

とはいえ、もちろん彼は処女の生き血を吸っていたわけでも、太陽の光に当たるのを嫌ったわけでもない。

だが、ヴラドは気に食わない者をひたすら串刺しにしたことで、恐怖の暴君として、物語以上の残虐さを見せつけた。犠牲者の数は多すぎて判然としないほどだという。

その一方で、ヴラドはトルコの侵略からルーマニアを守り抜き、ヨーロッパ中から注目された名君主という顔も持つ。

野蛮な暴君か、はたまた国民的英雄か。串刺し公の数奇な運命を見ていきたい。

13歳で人質の身に

ヴラド・ツェペシュは、1430年あるいは1431年に、歴代にわたりルーマニア・ワラキア公国の君主を務める家系に生まれた。父はヴラド2世ドラクル。ヴラドが生まれた年に神聖ローマ帝国から竜騎士団の騎士に叙任され、まもなくしてワラキア公となった。

君主の息子とはいえ、ワラキアは小国である。そのため、強大な他国の事情に振りまわされることも多く、ヴラドは幼い頃から多難な人生を送ることとなる。

ワラキア公に即位した父ドラクルを待ち受けていたのは、トルコの圧倒的な軍事力だった。トルコのスルタン・ムラト二世は、セルビア、ブルガリアを続けて滅ぼし、その勢いのままにワラキアに侵攻してきた。

ムラト2世

返り討ちにすることなどもちろんできず、ドラクルはトルコと屈辱的な同盟条約を結ばざるを得なかった。それは神聖ローマ帝国へ対する裏切りだったが、トルコに逆らうことはできなかったのである。

こうして、ドラクルはトルコ軍の先鋒として、生まれ故郷である隣国、トランシルヴァニアを襲撃した。繰り広げられる虐殺、略奪、放火……。ドラクルは自分の故郷を攻撃することにいたたまれなくなり、町が致命的な打撃を受けないよう、密かに町の指導者と取引を行った。

この背信行為に怒ったのがスルタン・ムラト二世である。

すぐにドラクルは呼び付けられ、結局、翌年までトルコで拘留された。その後、再び忠誠を誓ったことで解放されたが、息子のうちふたりを人質として置いていくように命じられる。

このとき選ばれたのが、13歳のヴラドと5歳の弟ラドウであった。

こうして、ドラクルのふたりの息子はトルコの人質として不安定な日々を過ごすことになるのだが、同じ人質とはいえ、それぞれの運命は大きく異なったものだった。

端正な顔立ちをしていた弟がスルタン・ムラト二世に気に入られ、寵愛を受ける傍ら、ヴラドはといえば、反抗的な言動を繰り返し、性格も凶暴だったため監視役たちにも恐れられていた。

とても人質の態度とは思えないが、殺されずにすんだのは幸運としか言いようがない。

ヴラドは、この期間に発達したトルコ帝国の組織と権力構造を学んだといわれている。

この少年時代の人質としての暮らしが、ヴラドを不信感の強い凶暴な、そして嘘を絶対に許さない疑り深い人間へと育んだのだった。

塩漬けの首をプレゼント

人質の身でありながら、ヴラドはやがてトルコ軍の一員として、対ハンガリー戦に参戦することになった。この戦争で活躍を収めたヴラドは、1448年、トルコ軍の支援を受けてワラキアに帰還する。すでに18、19歳の青年に成長していた。

しかし、ヴラドが帰還したとき、君主であったはずの父はもはやこの世にいなかった。

フニャディ・ヤノシュ

父ドラクルは人質としてわが子をトルコに預けた後、ワラキア公として復帰。ところが、1444年に対立していたトランシルヴァニア領主のフニャディ・ヤノシュに侵攻され、惨殺されてしまったのである。父だけではなく、ドラクルの長男、つまりヴラドの兄であるミルチャも殺されていた。

興味深いのは、帰還したヴラドは、なんと

肉親の敵であるヤノシュと手を組んだことだ。また、ヴラド一族を憎んでいたヤノシュも、ヴラドには惹かれるものがあったらしく、ふたりはお互いに受け入れ合った。

もちろん、ワラキアには隣国の支援が必要不可欠だったという事情もあっただろうが、ふたりの信頼関係は強く、ヤノシュが戦死するまで続いた。ヴラドにとってヤノシュは師となり、あまたの修羅場を経験していた老将から、ヴラドは多くの軍事作戦を学んだ。

そんなヤノシュの力添えもあり、ヴラドは、父に代わって君主となったヴラディウスラフ2世をこの世から抹殺。１４５６年にワラキアの君主になった。

ヴラド3世の誕生である。

ヴラディウスラフ2世との激しい王位争いが繰り広げられていた頃に、こんなエピソードがある。

ヴラディウスラフ2世は、ヴラドの暗殺を企てふたりの刺客を送り込み、他にもヴラド陣営に工作員を多数潜入させ、確実にヴラドを仕留めようとした。だがヴラドは見事にその計画を見抜き、刺客ふたりを捕らえた。そして、地主貴族を全員集めて、彼らに刀で刺客をなぶり殺しにさせたのである。

ヴラドは、地主貴族の中に、刺客に手を貸した裏切り者がいることも知っていた。そのうえで、彼らに刺客を処刑させたのである。手を緩めればすぐに裏切り者と分かってしまうというわけだ。

散々にいたぶった後、ふたつの首を切り落とすと、ヴラドはそれを塩漬けにしてヴラディウスラフ2世に送りつけた。

自らが切り札として送り込んだ刺客が首だけで、しかも塩漬けとなって帰って来る。ヴラディウスラフ2世は身震いしたことであろう。

2000人を処刑

ライバルを追い落とし公位に就いたヴラドだが、その前途は多難であった。トランシルヴァニアの支援があったからこそ君主の座を奪うことができたが、肝心の自国内では、反ヴラド勢力が強大な力を誇っていたのである。

そもそも、ワラキアは後継制度の特殊さから、争いが起きやすい国であった。ネロの項でも言及したように、ヨーロッパでは長子世襲制（長男が君主の座を継ぐ）が一般的だったが、ワラキアは公家の子弟であれば、誰でも公位に就くことができた。これは、多くの者にチャンスが与えられ、良いことのようにも思えるが、その分君主の地位を巡る争いは熾烈を極める。

　また、後継者の命運はどれだけの支持勢力を得られるかにかかっていたため、たとえ君主の座に就こうとも、支持勢力の操り人形のようになってしまうことが少なくなかった。

　事実、ワラキアでは１４０１年から１５００年までの１００年間で、公位に就いた公族は合計32人にも上った。ひとりあたりの平均在位期間はわずか３・１年。ワラキアの君主は、相当脆弱な地盤の上に立たされていたのである。

　君主の力が弱い一方で、地主貴族たちは強大な力を持ち、その権力の濫用は目を覆うものがあった。むろん、このような社会情勢では、国力は低下の一途を辿る。

　ところが、ヴラドは歴代の君主とはひと味もふた味も違った。何しろ経験が違う。人質の身でありながら監視者をひるませるほどの気性の荒さが、ついに自国で発揮されることとなった。

　ヴラドは、国内の有力な地主貴族をはじめ、主教や修道院長らを呼び寄せ、彼らにこんな質問をした。

「これまで何人の君主に奉仕してきたか？」

　するとこんな答えが口々に返ってきた。

「７人ですよ、殿下」「ざっと20人はくだりますまい」「私の場合は30人」

あまりに多すぎて、ほとんどの貴族が正確に思い出せなかった。さらに彼らは、まるで新しい君主を試すかのような、不遜な態度で質問に答えていた。

ヴラドは答えを全員から聞くと、親衛隊を動員して、一定の人数以上の君主に仕えていた500人あまりの貴族を逮捕。そして、片っ端から処刑したのである。

就任早々あまりにも乱暴なやり方だが、これで有力な貴族たちは一掃され、残った地主貴族たちも、当然のように絶対服従を誓った。中には領地を返す者まで現れたというから、睨みをきかせるのには効果てきめんだったようだ。

処刑になった者たちの屍は野ざらしにされ野鳥についばまれたが、これはまだほんの序章に過ぎなかった。

ヴラドはその後も、反対勢力を次々に罷免、追放、そして処刑し続け、粛清された貴族とその関係者たちは、なんと4年間で約2000人にも及んだ。

安定した統治のためといえば聞こえはいいが、罰を受ける側にすれば、恐怖政治以外の何物でもない。

加えて、処刑という「事実」以上に恐れられたのは、その「方法」であった。

串刺し公・ヴラド

ヴラドは「串刺し刑」で処刑することを好んだ。

実際、前述した貴族たちもほとんどこの方法により殺されている。

「串刺し刑」とは、文字通り人間の串刺しである。先端を削って尖らせた柱を肛門から刺し、体を貫く。さらにその柱を地上に突き立て、死に至らしめるのだ。聞いただけで身悶えしそうである。

ただ、この処刑はヴラドが発案したものではなく、実は中世のヨーロッパでは時折行われていた。とはいえ、彼はあまりに多くの人間を串刺しにしすぎた。このため、ヴラドは名前に「串刺し」という意味の「ツェペシュ」を付け加えた、「ヴラド・ツェペシュ（串刺し公）」と呼ばれるようになったのである。

また、ヴラドの串刺しは、他のそれと比べて違う点がひとつあった。

杭の先を尖らせ過ぎず、むしろ丸くするように指示していたのだ。

こうしておけば、処刑される者が即死する可能性は低くなる。ヴラドは、串刺しにされた人間が苦悶の表情を見せることをいっとう好んだのである。

「あいつらはなんと美しいことか」体をひねり、転げまわって痙攣する様子を見て、ヴラドはそう言った。

これ以外にも、母子と幼児を同時に串刺しにしたり、母親の乳房をえぐり、そこに幼児の頭を押し込んで串刺しにしたりすることもあったといわれている。

自国民にもこの苛烈さである。むろん、外敵に対しては串刺しによる惨殺を繰り返した。

ジーベンビュルゲンに侵攻した際は、敵兵をキャベツのように切り刻み、捕虜はすべて串刺しに。ファガラシュ地方への侵攻では、自分の異母弟にあたる勢力を徹底的に叩き、本拠地であるフミラーシュ村の男女を全員串刺しにした上、村全体を焼き払ってしまった。

師匠・ヤノシュなき後の隣国、トランシルヴァニアにも襲撃。略奪を繰り返し、自国へ経済侵略を続ける商人たち数千人を串刺し刑にして、杭を丘に並べた。さらに、ヴュツェルラントへ侵攻したときも、村や城や町を襲撃して、捕虜を教会に連行。やはりその後、全員を串刺しにしている。

ヴラドは凄惨な処刑の様子を、食事をしながら見物していた。そのような状況で食欲が湧くところが恐ろしい。名だたる暴君の中でも、ヴラドのサディスティックさは群を抜いていると言えそうだ。

1500年に出版された『ドラキュラ将軍という名の血に飢えた悪魔の物語』の中の挿絵

ある貴族がヴラドを訪ねたときのエピソードも凄い。

串刺しにされた犠牲者の杭が樹木のように立ち並ぶ中にヴラドはいた。あまりの悪臭だったため、「どうしてこのようなところにいられるのか」と貴族が尋ねると、ヴラドは彼を串刺しにしてしまい、最も高い杭に掲げたという。まるで「これでお前の嫌いな悪臭はしなくなっただろう」と言わんばかりに。

串刺しをこよなく愛したヴラドだったが、あるときから貴族の処刑は斬首に切り替えられた。

というのも串刺し刑は磔の一種で、これは本来、身分の低い極悪な犯罪者に対して行われるものだったからだ。ヨーロッパやトルコでも、貴族が磔の刑罰に処されることはまずなかった。そのため、貴族の反発があまりにも強くなり、ヴラドも、やむなく反対勢力の貴族に対しては斬首や苦役によって弾圧するようになったのである。

とはいえ、外敵や犯罪者、あるいはジプシーなどに対しては相変わらず容赦がなかった。串刺し刑の他にも、鼻や耳など体の切断、火あぶり、釜茹で、皮剥ぎなどのあらゆる拷問で処罰したといわれている。

極端なまでに厳格だった

ヴラドがここまで残虐な刑を行ってきたのは、彼のあまりに厳格な性格も関係しているのかもしれない。民衆は罪を犯すことなく勤勉に働き、妻は夫によく尽くす――。そんな社会を理想としていた。

真っ当な統治方針のように思えるが、その手段はあまりに極端過ぎるきらいがあった。例えば、ワラキア国では、窃盗や虚言が露呈するとすぐさま死刑だった。このため、盗みを働いたジプシーなどを捕らえた際に、仲間がヴラドに釈放を懇願してもヴラドは決して許さなかった。

「盗みは吊るし首にすると決められている」

ヴラドはそう言うと、ジプシーたちに犯人の処刑を命じたが、むろん仲間はそれを拒否。それならばと、ヴラドはその盗人を鍋で煮てしまい、仲間たちに食べさせた。

当時、ジプシーの集団に対しては、ワラキアだけでなくヨーロッパ各国が対策に困っていたのだが、ヴラドは彼らに容赦ない態度で挑んだのである。

犯罪者だけではなく、自分の部下にも厳しかった。

とある村を焼き討ちにするように命じたとき、部下たちは村民の激しい抵抗にあって失敗してしまう。すると命令を遂行できなかったとして、ヴラドは隊長を捕らえて、串刺しにした。おそらくどんな弁解も聞いてもらえなかったのだろう。

さらに社会的弱者には、手を差し伸べるどころか、非道な手段を講じた。老人と病人、貧困にあえぐ人をひとつの建物に集めて、大量の食べ物と飲み物をふるまうと、ヴラドは彼らにこう聞いた。

「ほかに何かほしいものがあるか」

空腹が満たされた彼らはさらなる贈り物があるのかと期待したが、待っていたのは処刑だった。ヴラドは建物に錠をして火を放った。もちろん、中にいた者は皆焼死である。

あまりにも哀れだが、その理由についてヴラドはこう説明した。

「よく覚えておくのだ、私があのようなことをしたのは、これらの不幸なものたちにはもはやこれ以上の重荷を背負わせないためであり、わが国から貧困をなくしてすべてのものを豊かにするためなのだ」

貧困をなくすために貧困層を虐殺する。あまりに乱暴な対策だが、これに関しては、黒死病の蔓延を防止するため患者を焼いた事件が歪曲して伝わったともされている。

この他にも、だらしない女性がいると聞くとすぐさまその女性を串刺しにし、男性に新しい妻を与えたり、処女を守らなかった娘や、浮気をした人妻の性器や乳房を切断したりもした。ほとんど大きなお世話であるが、厳格な君主は我慢ならなかったのであろう。

さらに、国外からの友好的な来客とて油断はできない。

ヴラドは他国からやってきた使節が正装をしていなければ、容赦なく串刺しで死刑にした。それは使節自身の罪ではなく、浅はかな君主の罪として裁いた、とヴラドは述べている。

オスマン・トルコから使節がやってきたとき、彼らはヴラドの前で一礼して脱帽した。だが、その下にもうひとつ帽子をかぶっていたため、ヴラドは彼らに尋ねた。

「どうしてそれもとらないのか」

「これはわが国の習慣で君主の前でも脱がないのです」

「それならばお前たちの習慣をもっと強固なものにしてやる」

そう言うと、ヴラドは釘で彼らの頭にその帽子を打ちつけた。郷に入らば郷に従え、の言葉に背き、ワラキア領内でも自国の習慣を続ける態度が、ヴラドには気に入らなかったようだ。

また、ヴラドは嘘が嫌いだったことでも知られており、ヴラドの娼婦が妊娠を告げると、疑り深いヴラドは、彼女の下腹部から胸までを切り裂いた。そして妊娠をしていないことが分かると、「わが種がどこにあるのか世間にみせてやるがいい」と言い放ったという。

こうした極端なまでの厳格さは、国民にとって息が詰まるものであったが、軽犯罪でも厳しく罰を与えたことで、国内の治安が安定したのもまた事実だ。

実際、ヴラドが公共の水飲み場に黄金製の杯をあえて放置したところ、皆が「何か罰せられるに違いない」と、いつまで経ってもそれを持ち去る者は現れなかったという。

トルコを撃退した英雄

このようにヴラドは、反対勢力や治安を乱す者たちを徹底的に弾圧し、圧倒的なリーダーシップを誇った。そんな専制政治を可能にしたのは、ヴラドが強力な軍隊を作り上げたからである。

これまでの軍隊は地主貴族とその家臣によって構成されていたが、ヴラドは農民や自国民から兵を募り、君主直属の軍隊となるように軍事組織を改編した。

また、領内だけではなく、領外からの傭兵も積極的に採用し、領内の兵士と差別のない待遇を保障した。

直属の常設軍を整備したヴラドは、ただひたすら駒として使ったわけではなく、戦闘で活躍した者は表彰し、褒美を与えるなどして褒め称えた。士気が上がる様々な工夫を施していたのである。

ただ、卑怯な行動や任務を遂行できなかった者への処罰は厳しく、前述した通り、その場で責任を問われ、串刺しにされた隊長もいた。

こうしてヴラドは精鋭の親衛隊を作り上げ、国内をまとめあげたのだった。恐ろしい暴君にして、頼もしい統治者。民衆の目にはヴラドの姿がそのように映っていたことだろう。

ヴラドの一番の手柄は、なんといってもオスマン＝トルコとの対決である。

トルコでは、幼きヴラドを人質にしたスルタン・ムラト二世の後を継ぎ、メフメト二世が公位に就いていた。攻撃的な性格だったメフメト二世は、周辺国への侵略を繰り返し、領土拡大に成功。その勢いはオスマン＝トルコの最盛期を形成した。

地中海周辺諸国を征服した後にヨーロッパ本土へと侵攻することが始祖オスマンからの野望であり、ムスリムの宗教的信条に基づく聖戦《ジハード》だった。

ヴラドがワラキアの君主になると、メフメト二世はそれを認める代わりに、高額な貢納金を要求し、ヴラドもそれに従わざるを得なかった。１４５７年、１４５８年度分の貢納金は、ヴラド自らがトルコに運んでいる。

しかし、その後は支払いを拒否し続け、さらには、逆にヴラドの側からトルコ領への攻撃を繰り返すようになる。オルテニタ、シリストラ、カラカシ、ラソヴァ、チェルナヴォダ、フルショヴァ、オストロヴ……ヴラドは、ドナウ河沿岸地域のトルコ領で略奪を行い、多くのトルコ兵を殺戮した。

むろん、これにはトルコも黙っていない。１４６２年、メフメト二世はワラキア討伐のため十数万の大軍隊を率いてやってきた。迎え撃つワラキアの軍隊はというと、わずか3万にも満たない。

勢力で圧倒的不利である上、トルコ軍は職業的戦士で構成されたプロの精鋭部隊だった。ヴラドの兵士たちは、一般市民や農民から募った軍隊である。

「死を恐れる者は参加するな。この地に留まれ！」出兵のとき、ヴラドはそう吼えた。

ワラキア軍は、トルコ軍の侵入をどうにか阻むべく、ドナウ川で３００名を戦死させるなど健闘をみせるものの、主力部隊による全面攻撃によって敗退。ワラキア領内への侵入を許してしまう。

その際、トルコ軍はワラキア軍の兵士のひとりを捕虜にする。ところが、この兵士はヴラドについて一切話すことを拒否し、死を選んだという。その勇気には敵ながらあっぱれ、とトルコも感心したというが、それほどヴラドの処刑を恐れていたのだろう。

大軍団相手の野戦は不利だと判断したヴラドは、ひとまず撤退し、徹底的なゲリラ戦を展開した。ワラキアの一般市民を山岳地帯へと避難させた上で、村落をすべて焼き払い穀物を焼失させ、井戸という井戸に毒を入れた。

メフメト二世

この焦土作戦は効果てきめんで、トルコ兵は食料を調達することも水を飲むこともできず、激しい日差しの中、衰弱していった。そして水や食料を求めているところを、ワラキア兵は狙ったのである。

また、わざとトルコ兵に深追いさせて連携が断たれたところで集中的に攻撃したり、あるいは夜間の奇襲を繰り返した。こうした状況の中、トルコ兵たちは混乱し、士気は目に見えて下がっていった。

さらに、メフメトはヴラドを「必ず生かして捕らえるように」と厳命していたが、ヴラドは逆に「メフメト殺害を第一目的とするように」と指示していたので、少ない兵力ながらも、集中攻撃でメフメトを追い詰めることもあった。

その後、トルコ軍もなんとか態勢を立て直し、ようやくワラキアの首都郊外にまでやってくると、道路のはるかかなたに多くの木が立ち並ぶ森を発見した。

トルコ軍はその森に近付いて息を呑む。実際に立ち並んでいたのは木ではなく杭であった。そして、もちろんその先端にはトルコ兵が串刺しにされていた。

腐臭が立ち込める地獄のような場所で、メフメトはこう呟いたという。

「こんな男と戦ってどうなるのだ……」

戦意喪失した十数万のトルコ軍は撤退。折よくトルコ軍内でペストが流行したことも、ヴラドに吹いた追い風であった。ワラキアは強国トルコに勝利したのである。

この見事な戦いぶりはヨーロッパ中に伝えられ、ヴラドはその名を広く轟かせることとなった。

誇り高き君主

この戦争を通じ、トルコはワラキアを直轄することを断念。元々は全面的に押し付ける予定だった宗主権の一部は緩められ、また、ワラキアがトルコに払う貢納金も減額された。

しかし、国を救った立役者であるヴラドは、その後苦境に立たされる。「メフメトがこのままで済ますわけがない。トルコが再び侵攻してきたときのために、和平を進めよう」という声が国内で高まっていたのである。ところがヴラドは徹底抗戦を主張し、新たな戦争の準備を進めようとしており、戦いに疲れきった農民たちとの温度差は明白であった。

そして、国内に広がる厭戦気分に興じて台頭してきたのが、弟ラドゥである。冒頭に書いた通り、幼少時代、ラドゥは兄と共に人質としてトルコに捕らえられたが、スルタンの寵愛を受け、そのままトルコに留まっていた。そのうえラドゥは、ワラキアとの戦いにおいてもトルコ軍の一員として、兄の軍と戦っていたのである。

トルコ軍が撤退した後、メフメトから軍隊を与えられたラドゥはワラキア南部に駐留し続け、ワラキア国内の反ヴラド勢力を密かに団結させていた。

この兄弟対決がヴラドを追い詰めた。何しろ弟には、国内の反ヴラド勢力に加え、トルコが後ろ盾に付いているのである。小軍隊を率いるのみだったヴラドには、あまりに分が悪過ぎた。

こうして、国内は混乱したまま、弟ラドゥがヴラドに変わりワラキアの公位に就くこととなる。

その後、ヴラドはハンガリー国王マチャーシュを頼ってトルコ打倒の協力を要請するも、トルコとの戦争に積極的でなかったマチャーシュは反逆罪をでっちあげ、なんとヴラドを逮捕してしまう。

この不可解な逮捕劇には、ヨーロッパ諸国がマチャーシュに説明を求めた。これに対しマチャーシュは、ヴラドがこれまで行った悪行を書いたビラをあちこちに配り、ネガティブキャンペーンを展開した。

結果、このビラはヨーロッパ中に渡ることとなった。ビラを基にして、蛮行や残虐を誇張した小説本が多数流通し、あの有名な「吸血鬼ドラキュラ物語」へと繋がっていく。ちなみに、ドラキュラの名は父であるヴラド・ドラクルから由来するものだ。

ワラキアの英雄となるはずが一転、他国に逮捕される身となったヴラド。その幽閉生活は12年に及んだが、この間の資料はほとんど残っていない。

やがて釈放が決まり、邸宅が与えられると、ヴラドは早速こんなエピソードを残している。

ある日、警備兵に追われた犯罪者がヴラドの邸宅に逃げ込み、警備兵もそれに続いた。するとヴラドは警備兵の隊長を捕らえて、その場で首を刎ねてしまい、犯罪者のほうは逃してやったという。

この暴挙にマチャーシュがヴラドを問い詰めると、

「隊長が事情を話してくれれば、自分が犯人を捕らえて引き渡していた」

平然とそう言い、ヴラドはさらにこう付け加えた。

「誰であっても、偉大なる統治者の邸にしのびこむならば同様にして命を落とすことになる」

らしいといえばそれまでだが、12年もの幽閉を経て、誇りを全く失っていないところが凄い。

1476年、ヴラドは再びワラキアの公位に返り咲くが、わずか1ヵ月後、トルコ兵との戦闘中に暗殺されてしまい、その45年の人生に幕を下ろしている。

ヴラドの首はトルコ兵に切り落とされ、串刺しにされて晒し首にされたという。

それから400年あまりが過ぎた頃、ルーマニアの大詩人ミハイ・エミネスクは、『第

3の手紙』で、社会の堕落を描くと同時に、ヴラドについてこう表現している。

ツェペシュ公よ、もう一度、登場してほしい。
気狂いと、無頼漢を二組に分け、
力ずくで連中を街の牢屋に叩き込み、
まるごと監獄と気狂い小屋を燃やしてしまえ！

ヴラドは、残虐な暴君で血塗られた独裁者だった。
そして、誰よりも頼もしい孤高の君主だった。

【天皇を操った男】

藤原道長

Michinaga Fujiwara (966 - 1028)

本書では、歴史上暴君とされている人物たちを取り上げているが、その中に藤原道長の名が挙がるのは意外に思われる読者もいるかもしれない。

道長は平安時代に隆盛を誇った実力者として、あるいは文学を愛した歌人としては知られていても、暴君として扱われることはほとんどない。しかし、娘3人を天皇の皇后にすることに成功し、自らの意のままに天皇を動かした道長は、紛れもなく暴君であった。

道長が詠んだ和歌のうち、最も有名なのが次の歌である。

「この世をばわが世とぞ思ふ望月の欠けたることもなしと思へば」

この世は自分のためにあるのではないだろうか――栄華の最高潮で詠まれた歌であった。

「その面を踏んでやりましょう」

道長の父・兼家は三男だったが、長男の伊尹《これただ》が急死したことで二男の兼通と後継者を争ったが敗れ、兼通が関白となったため、兼家は長く不遇の時代を過ごした。

道長が生まれたときも、兼家は38歳にして従四位下左京大夫《さきょうのだいぶ》という、ぱっとしない地位に甘んじていた。

しかし、兼通の病死によって状況はがらりと変わる。兄の死により、冷遇されていた兼家が出世し始め、ついには摂政にまで上り詰めた。

ようやく出世した父は、恨みを晴らすかのように次々とわが子を要職に引っ張り上げる。兄たちをはじめ、四男の道長も権中納言に昇進した。

このときすでに兄たちはそれなりの年になっている中、同じ権中納言でも道長はまだ23歳。出世の階段を上るのに、記録的な好スタートとなった。父の遅い出世が、四男の立場である道長には有利に働いたのである。

ちなみに道長は、1年前の22歳のとき、時の左大臣従一位源雅信の長女・倫子《りんし》に熱をあげて求婚したが、大した地位ではない上に四男だという理由で、相手の父に難色を示されている。

結局、倫子の母の協力があってふたりは結婚することができたが、客観的に見ても、自分の娘を嫁に出したくないほど道長は将来性のない男だった。そんな道長が、後に貴族社会の頂点に立つことになるのだから分からないものである。

ところが、当の本人は、自分の出世を信じて疑っていなかったようだ。

道長の父・兼家がまだ不遇だった頃、関白の藤原頼忠の子・公任《きんとう》をうらやましがり、息子たちの前でこう言った。

「我が子たちは遠く及ばない、影を踏むこともできまい」

父の嘆きに、他の兄弟たちは何も言い返すことができなかったが、道長だけがこう言ってのけた。

「影を踏むことはできないでしょうが、その面を踏んでやりましょう」

まだ何も結果を残していない段階でこの大口である。父や兄たちが唖然とする表情が眼に浮かぶ。

権力闘争に勝ち残る者は往々にして負けず嫌いだが、道長も例外ではなかったようだ。

あまたの暴力事件

道長には、「光源氏」のモデルだという説があるが、実際はそんなイメージとはかけ離れた暴力性を持っていた。

道長は23歳で権中納言になり、出世の足掛りをつかむと早速ある事件を起こす。

当時、道長にはどうしても官人にさせたい人物がいたが、官人採用試験があり、官人になるには試験で良い成績をとる必要があった。

ところが、道長が目をかけた受験生の試験結果がどうにも振るわなかった。そこで道長が目をつけたのが、式部省であった。

式部省とは、官人試験を取り仕切っており、官人の採用や評価を職務とする機関である。道長は、そこで働く橘淑信《たちばなのよしのぶ》という人物に狙いを定めたのだが、そのやり口は相当に乱暴なものだった。

まずは使者たちに命じ、試験官を務めていた橘淑信を自分の邸宅に拉致。監禁状態で、試験結果を改ざんするように迫った。

これだけでもかなり無茶だが、拉致の際、道長は橘淑信を自分の足で歩かせている。罪を犯して連行されるときでさえ牛車に乗せるのが慣例だった貴族にとって、自分の足で歩かされることはこの上ない屈辱だった。こうして橘淑信は、道行く大勢の人たちの前で辱められたのである。

しかしこの拉致脅迫事件はすぐさま世間に広がり、逆に道長も恥をかくこととなった。むろん、父の兼家から激しく叱られたようだが、その横暴さは後々まで変わっていない。

例えば1013年、48歳のときには、前摂津守《ぜんせっつのかみ》藤原方正《まさただ》と前出雲守紀忠道《ぜんいずものかみきのただみち》というふたりの貴族を自邸の小屋に監禁した。

その理由は「妻の外出の準備を手際よく進めることができなかったから」だというが、果たして監禁するほどのことだろうか。理不尽このうえない出来事である。

さらに同年、祇園御霊会《ぎおんごりょうえ》という祭礼において、行列に参加していた散楽人《さんがくにん》たちが、衣装を破損するほどの暴行を突然受けた。

実は、これも道長の命令を受けた使者が行ったものだった。

庶民が楽しみにしていた祭を、道長は貴族らしからぬ暴力でぶち壊しにしたのである。光源氏が聞いて呆れる行為だといえよう。

余談だが、道長はその容姿もかなり美化されているようだ。実際の道長は糖尿病であり、力士さながらの、かなりの肥満体だったといわれている。

前代未聞の「一家立三后《いっかりつさんこう》」

990年、父の兼家が亡くなり、さらに995年には兄ふたりも病死。ライバルであった甥の伊周《これちか》との権力争いにも勝利して、道長はついに摂関家の筆頭へとのし上がっていく。

道長が君主である天皇以上の最高権力を誇ったのは、巧みな婚姻政略が功を奏したからである。

その政略とは「娘という娘を天皇に送り込む」という単純だが強引な手法だった。

道長は31歳で左大臣に就くと、長女の彰子《しょうし》を一条天皇に入内、つまり宮中に入らせた。

左大臣の地位は、令の官制では臣下最高の職だった。大臣の序列とは別に摂政・関白の地位があったものの、道長はすでに内覧の宣旨を下されていたため、摂政・関白と実質同じ権限が認められていた。

つまり、道長の地位はすでに安泰だったわけだが、それでは満足せずに、一条天皇と彰子の間に皇太子が生まれるのを待ち望んだ。

そして入内から9年後、彰子が身ごもり敦成《あつひら》親王が生まれた。このときの道長の喜びは例えようのないほどのものだったであろう。

このように、自分の娘を天皇や帝位に就きうる東宮などに嫁がせ、その皇太子の誕生を待つ。そして皇太子が帝位に就くと、外祖父の立場で摂政となり政治を後見する――というのが、道長の手法だった。

戦略としてはいたってシンプルだが、言うは易しで、結婚まで娘たちに悪い虫を寄せ付けず、かつ男の子が生まれなければならない。これを実現させるのはなかなか難しい。

道長は、彰子が嫁いだ一条天皇の後の三条天皇には次女の妍子《けんし》を、さらに次の後一条

敦成親王を抱く彰子を見つめる道長（図手前）

天皇には、三女の威子《いし》を同じように入内させ中宮にした。

こうして道長は自分の娘を3人も天皇の后にするという前代未聞のことをやってのけた。これが「一家立三后」と呼ばれている道長の権力掌握術である。

道長はその後、後朱雀天皇に、四女の嬉《き》子《し》も入内させている。嬉子は中宮に据える前に病死してしまったが、ともすれば「一家立四后」もありえたのだ。

ところで、三条天皇の後を継いだ後一条天皇とは、一条天皇と彰子の間に生まれた敦成親王のことである。また、後朱雀天皇は、敦成親王の弟である。

つまり、一条天皇と彰子との間に生まれた後一条天皇と後朱雀天皇の兄弟が、共に道長の娘、つまり威子、嬉子とそれぞれ結婚していることになる。叔母と甥とが2組も結

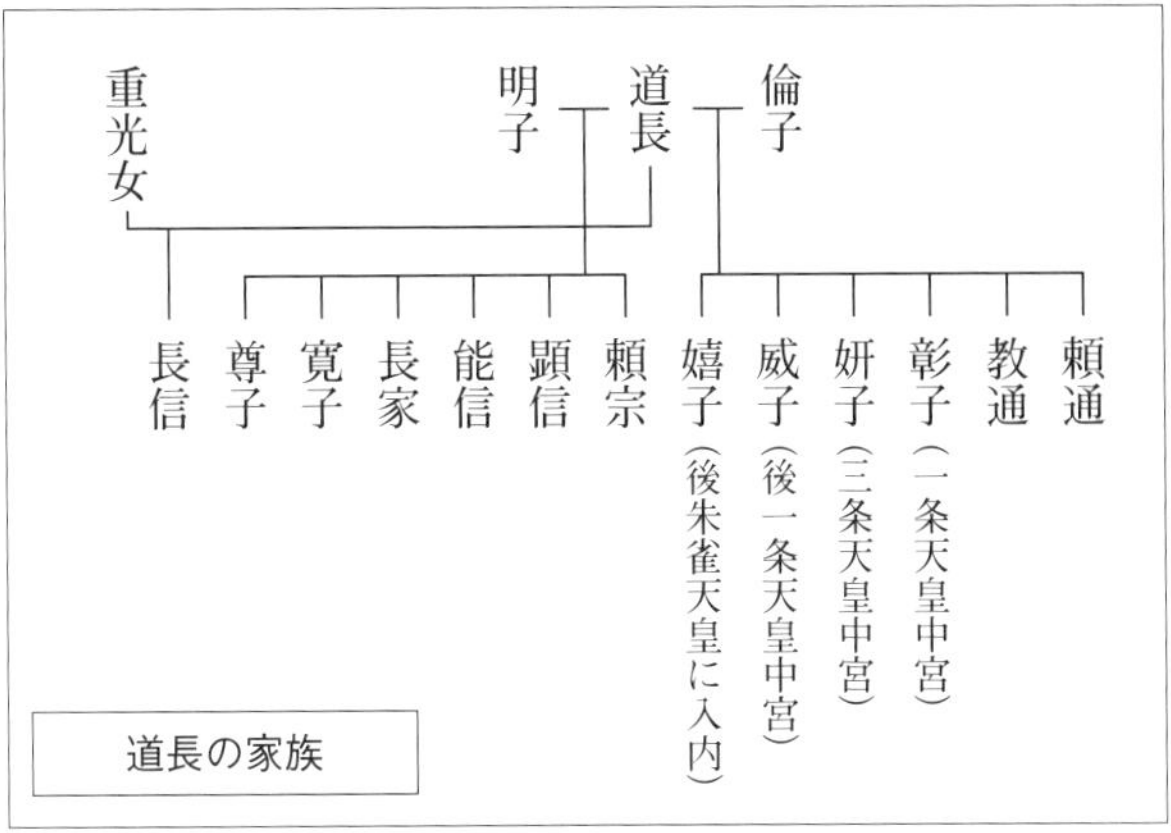

道長の家族

ばれているのだ。

政略結婚自体は歴史上繰り返し行われてきたことで珍しくもないが、道長ほど徹底して行った人物は他にいないだろう。目的のためには露骨な手段も厭わない性質だったことが垣間見える。

この「一家立三后」が実現したとき、冒頭でも述べたとおり、道長は宴の席であの有名な歌を詠んでいる。

「この世をばわが世とぞ思ふ望月の欠けたることもなしと思へば」

この世の中は、自分の思うがままに……。確かに、道長を中心に世の中が動いているような時代であった。

天皇をも脅す男

道長は、天皇を相手にしても威圧的な態度に出て、時には脅しをかけることさえあった。

一条天皇が32歳の若さで病により崩御すると、従兄弟の三条天皇が帝位に就いた。だが、この三条天皇と道長は互いにうまくいかなかった。

先に述べたとおり、三条天皇には17歳の次女、妍子を嫁がせた。次女を中宮にさせたところまでは計算通りだったが、ふたりの間に子が生まれない。

そうなると道長は、一条天皇と彰子の子である敦成親王を、次の天皇に早く据えたくてたまらなくなる。

一方、三条天皇は一条天皇よりも4歳年上だったこともあり、自分が天皇になれば思い通りにふるまえると思っていた。となれば、強大な権力をもつ道長が邪魔だったことは言うまでもない。

三条天皇は即位して1年もしないうちに、近臣にこんな不満を漏らしている。

「道長は私のために無礼きわまりなく、食事も喉を通らず、眠れぬときがあり、不安でしょうがない」

これではどちらが偉いのだか分かったものではない。

牽制し合うふたりであったが、やがて三条天皇が目を患い、食事にも支障が出るほど視力が低下してしまうと、道長はここぞとばかりに天皇に退位を迫った。

三条天皇は日記に「大不忠の人」「いよいよ王道弱く、臣威強し」などといった道長に対する愚痴をしたためている。天皇の立場にありながら、面と向かっては文句すら言えなかったのだろう。

さらに、折悪く内裏が突然炎上するという事件が起き、天皇の病状はますます悪くなった。

「新築中の内裏が完成して皇后に入った後、まだ目が見えないようだったら道長の意に従うほかはない」

三条天皇は弱音を吐きつつも、最後は神頼みとばかりに、皇大神宮や岩清水あるいは賀茂社などの諸大社に公卿《くぎょう》を使いとして派遣し、眼病の治癒を祈らせようとしていた。

しかし、派遣を実行しようとした途端、病を理由に急に使いを辞退する者が現れたり、使いの家や皇居内に死体が発見されて派遣が延期になったりと、不可解なことが続けざまに起きる。

ようやく中納言クラスの使いが諸社に向かったのは、7度も延期された後だった。確固たる証拠こそないが、天皇の病の治癒を望まない道長が、裏で糸を引いていただろうことは容易に想像がつく。

道長はこの間も何度か三条天皇に退位を迫っている。病人にとっては強いプレッシャーだっただろう。

結局、三条天皇の視力の衰えは癒えることはなかった。もはやここまでか、と天皇が譲渡を覚悟し始めた頃、またもや内裏から火の手が上がった。新しい内裏ができてから、たった2ヵ月後の出来事だった。

まるでダメ押しのようなタイミングである。せめて新築の内裏で引退の式を挙げたいという三条天皇の願いは叶わずに消えた。

道長は、度重なる火災は天の思し召しとでも言わんばかりに、さらに天皇に引退を強く迫る。火災のショックもあり、天皇はついに折れて退位を決意。道長の意向通り、後継者には敦成親王が選ばれる運びとなった。

この内裏の焼失はタイミングが良すぎるため、道長一派の仕業だったのではないかとする説もある。

一連の派遣の延期騒動と同様真相は藪の中だが、道長の直接的な圧力と見えざる周囲の陰謀によって、三条天皇は治療に専念するどころではなく、強引に退位させられたことは揺るぎない事実だ。

気に食わなければ天皇をも追い落とす男、それが藤原道長であった。

平安京を壊して庭園を造営

道長は、土御門大路《つちみかどおおじ》と京極大路《きょうごくおおじ》に面した場所に、北240メートル、東西120メートルに及ぶ大邸宅を所有しており、そこに大きな庭を造営することにした。

庭の造営には大量の岩石が必要になる。そのために500人もの人夫を要したが、道長は京の通行人たちに次から次へと声をかけ、彼らまで駆り出した。

声をかける方は気楽なものだが、巻き込まれた者たちはたまったものではなかろう。いきなり労働を強いられ、重い岩石を運ばせられる話など聞いたことがない。

しかもその際、運ぶ道筋にある民家は道長の命によりすべて解体され、柱や壁板などの残骸は略奪されたというから凄い。突然家を失うこととなった人々は途方に暮れたことであろう。

上に立つ人間が民衆の気持ちなど汲まないのは珍しいことではないが、道長の場合はあまりにも横暴に過ぎる。身勝手なのは元々だったが、晩年にますますその傾向が強まったという。この迷惑極まりない暴挙に、京中の人が苦しめられたことは言うまでもない。

さらに、なんとこのとき運ばせた岩石は平安京から盗んできたものだった。

プライベートな庭園を作るために、王朝国家の都・平安京を破壊するなど、到底許されることではないが、道長の暴走を止められる者は最後まで現れなかった。

このように栄華を誇った道長だったが、病気だけは権力を用いてもどうにもできなかった。

「一家立三后」を成し遂げて、望月の歌を詠んだ頃、道長にはすでに病魔が襲いかかっていた。

発熱・胸病を患い、さらに眼病にも見舞われたため、三条天皇の呪いともいわれた。毎夜のように霊にうなされるようになり、道長は日に日に衰弱していった。

胸病がいよいよ深刻になってきたとき、道長は居邸のすぐそばに法成寺《ほうじょうじ》を建立することを決意する。

『栄花物語』によると、大きさは約440メートル四方にも及んだが、道長はそれでも満足することはなく、次々と美しい諸堂を造営していった。

薬師堂もそのうちの一つであり、建立の際は加茂川の河川敷に多くの岩石を運ばせたが、この岩石もまた、平安京内のものだった。

具体的には、平安京の正門である羅生門《らしょうもん》や新泉苑《しんせんえん》の門、乾臨閣《けんりんかく》などの重要な施設、さらに京に点在する左右京職、穀倉院などの官司などから次々と岩石を運び出したという。自分のためなら他の犠牲など全く厭わない性格だといえよう。

驚くべきことに、法成寺の造営が進むにつれて、道長の健康状態は快方に向かった。「憎まれっ子世に憚る」とはよく言ったものである。

しかし、息子や娘たちが病で命を落とすことが続き、次第にその気力も失われていく。衰弱は止まらず食欲も失い、1027年12月3日、ついに道長は62年の生涯に幕を閉じた。いまわの際は、ひたすら念仏を唱え続けていたという。

遺体は、晩年の身勝手の象徴ともいえる法成寺に埋葬された。

四男という不利な立場にも負けず、我が子を巧みに使い絶対的権力を手にした藤原道長。病にこそ勝てなかったものの、まさに、「欠けぬ望月」そのものの人生だったことであろう。

【20世紀最大の独裁者】

アドルフ・ヒトラー

Adolf Hitler (1889 - 1945)

アドルフ・ヒトラー――言わずと知れた、ドイツの独裁者である。

現在では忌み嫌われているヒトラーだが、ヒトラーを党首とするナチスがドイツの政権を取ったのは暴力ではなく、国民の選挙による結果であり、まったく合法的な手段だった。

それどころか、ヒトラーは多くの国民が待ち望んだ国家のリーダーでさえあった。

というのも、第一次世界大戦の敗戦とヴェルサイユ条約、さらに世界恐慌によって崩壊寸前だった当時のドイツにおいて、条約の破棄を公約し「国家主義」を掲げたヒトラーは、窮地に追い込まれた国民の希望の光、強いドイツのシンボルだったのである。

ナチスが政権を取った際、ヒトラーはこう言っている。

「自分が出なくても、必ず誰かが出てきただろう」

20世紀最大の独裁者、ヒトラーの生涯とはどのようなものだったのだろうか。

画家になれなかったヒトラー

1889年、オーストリアの小さな村に生まれたヒトラーは、心配性の母と乱暴な父のもとに育った。

兄・アロイス二世は父の暴力に耐えきれず、14歳で家出し、二度と戻ってくることはなかった。虐待の矛先はヒトラーに向けられ、辛い日々が始まった。

ある日、ヒトラーは冒険小説に刺激されてこんな決心をする。

「これからは父に鞭で打たれても、決して泣き声をたてるまい」

ヒトラーは父に尻を鞭で叩かれている間、頭でその数を数え、ひたすら無言を貫いた。

すると、やがて父の手は止まり、それからは二度と鞭を打たれることはなかったという。

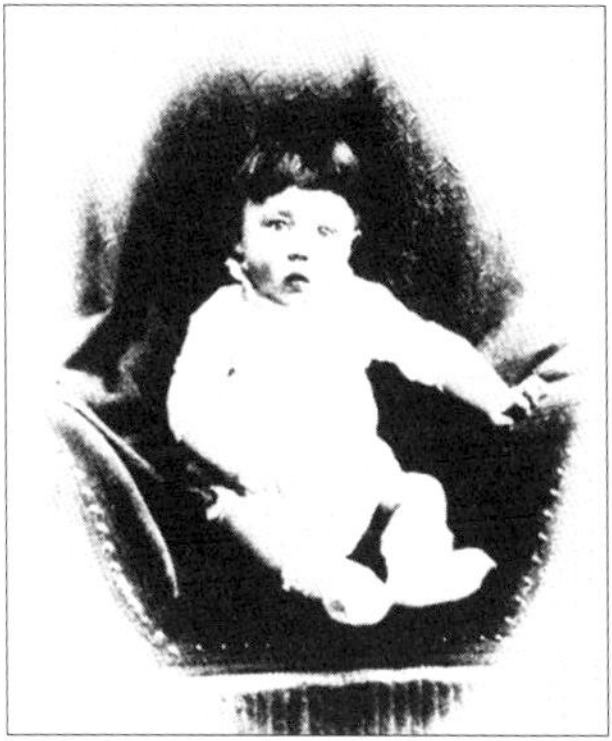
幼少期のヒトラー

そんなヒトラーは、小学生の頃はいわゆるガキ大将で、しかも成績優秀だった。
しかし、実科学校に進学してからは、授業をさぼる落ちこぼれへと転落してしまう。
画家になるため文科学校に進学したかったにもかかわらず、父の反対により、実科学校に進路変更させられたのがおもしろくなかったのだろう。
このときの担任は、ヒトラーの印象をこう

語っている。

「彼は忠告や叱責に対して敵意を隠そうともしなかった。同時に自分がリーダー的立場にあるものと勝手に思いこんで、クラスメイトに無条件の服従を要求する一方で、未熟な少年らしくない、数々の悪意にみちたいたずらをしでかした」

ヒトラーは肺の病気を理由に実科学校を中退。少年時代からの夢であった画家になるべく、芸術の街・ウィーンへと旅立った。

ところが、ヒトラーは美術アカデミーの入試を2回受け、2回とも不合格になってしまう。

ヒトラーが失意に暮れる中、ウィーンでヒトラーと共同生活をしていた音楽家志望の友人クビツェクは、音楽アカデミーにあっさりと合格した。ヒトラーはクビツェクにこう言った。

「ぼくがこんな頭のいい友達を持っていたとは知らなかったよ」

それ以来、ヒトラーはクビツェクの些細な言動にも腹を立てるようになり、美術アカデミーを激しく批判し始めたという。

その後、ヒトラーはミュンヘンに移住して再び画家や建築家を目指すが、そこでもぱっとしなかった。妹に対し、夢の挫折についてこんな風に語っている。

「画家になりそこなったのは美術業界がユダヤ人の手に握られていたからだと信じている」

そんな鬱屈した日々を払拭するためか、ヒトラーはオーストリア国籍のままドイツ帝国に従軍し、第一次世界大戦に参加する。ここでヒトラーは、どれだけ危険な任務をこなしても命を落とすことはなかったという。

「突然、ある声が『ここを立ち去れ』と命じたので、私はそれに従った。すると私がそれまでいた場所で流れ弾が破裂して、そこにいた者はみな即死してしまったのだ」

ヒトラーはその後も、数々の無謀な作戦を成功させるなど、何かとツイていることが多かった。詳しくは後述するが、独裁者は強運も持ち合わせていなければならないのだろう。

ヒトラーは撒き散らされた毒ガスによって失明し、野戦病院で終戦を迎える。後に視力は回復。無事に目が見えるようになったヒトラーの目に映っていたのは、政治家への道だった。

第一次世界大戦にドイツが敗北すると、ヒトラーはドイツ労働者党という小さな政党に入る。この党こそが、後の「国家社会主義ドイツ労働者党（ナチス）」の前身であった。

画家としては受け皿がなかったヒトラーだが、その演説力は高く評価され、政治家として社会に受け入れられた。

入党からわずか2年、そこにはナチ党党首として、ユダヤ人排斥を力説するヒトラーの姿があった。

演説の神様

ヒトラーが独裁者として国民の心を掴んだ理由は、その卓越した演説力にあった。

一兵卒の頃から、その演説力は戦友の間で一目置かれていた。仲間たちが食べ物や女の話をしているときには読書に耽っていたヒトラーだが、政治などの話題になると途端に食いついてきて、輪の中心で演説をぶった。

戦後、その評判を聞いた大尉が、帰国したドイツ人捕虜の洗脳という特別任務をヒトラーに与えたこともあった。ヒトラーは捕虜たちを反社会主義的愛国者に洗脳するためのプロパガンダチームに加わり、「ヴェルサイユの屈辱」「ユダヤ人＝共産主義」を雄弁に語り、ドイツ人捕虜に憎しみを植え付けたのだ。

第一次世界大戦中は「平和になったら画家か政治家に」と思っていたヒトラーが、政治の道へと舵を切ったのは、このときに自分が評価された経験が影響しているに違いないだろう。

ヒトラーが、小さな政党とはいえ2年で党首になり、事実上党を乗っ取ることができたのも、すべては巧みな演説力のたまものだったといえよう。事実、大衆を前にした初の演説では、集まった70人の人々を熱狂させている。

演説をするヒトラー

70人だった聴衆は、次の集会には130人、その次は170人……と、集会でヒトラーが演説を重ねる度に膨れ上がり、ついには2000人以上の聴衆が集まるようになった。

ヒトラーの心臓は「喜びで破裂せんばかりだった」という。

ヒトラーの加入によって勢いをつけたナチ党は、やがてドイツの第一党となった。結党からわずか10年での政権奪取である。ヒトラーはヒンデンブルク大統領から首相に任命されると、すぐに「全権委任法」を成立させ、全権を掌握することとなった。

しかし、なぜヒトラーの演説は、そこまで人々を魅了したのだろうか。

それは、内容にしても、あるいは見せ方にしてもすべてが計算し尽くされていたためだ。

不労所得の撤廃、戦時利得の没収、老齢の国民の健康基準の作成、そしてユダヤ人排斥など、ヒトラーの演説には、労働者、中産階級、愛国者、インテリとあらゆる人の立場にとって重要な要素がそれぞれ含まれていた。ユダヤ人を除くすべての人が共感できるような内容になっていたのである。

さらに、発音の音質や抑揚、言葉を切るタイミングなど、民衆の耳を傾けさせる工夫が演説の各所に散りばめられていた。

初めはボソボソと話し「何を話しているのだろう」と人々が耳を傾け始めるにつれて、段々とボルテージを上げていく。その演説の手法は、今残っている映像を見ても、いかに聴衆の耳目を集めたかがよく分かる。ドイツ語を解さない筆者ですら魅入ってしまったほどだ。

ヒトラーは、友人のカメラマンに演説している自分を様々な角度から撮影させ、効果的な身振り手振りについて研究したり、オペラ歌手に発声の指導を受けたりするなど、改良に余念がなかった。さらに出世するにつれて、演説会場の演出も凝ったものとなり、その武器にはますます磨きがかかったのである。

星が瞬く夜空の下、飛び交うサーチライト。無数の松明に顔を照らされた民衆は、知らず知らずのうちに、ヒトラーの演説に引き込まれ、熱狂に酔いしれた。そして右手を掲げ、こう答えた。

「ジークハイル（勝利万歳）！」

それはさながら催眠ショーのようだったという。

後にヒトラーの右腕となるゲッベルスも、ヒトラーの演説力に取り憑かれたひとりだった。

「演説家として身振り、表情、言葉、三つすべてが驚くほど調和している。生まれながらの魅力的人物だ。この人となら、世界を征服できる」

こうしてヒトラーは、国民の絶大な人気を追い風に、他国への無謀な侵略を繰り返すようになる。

博打に連戦連勝

暴君や独裁者が思い切った行動に出ることはよくあるが、ヒトラーも一か八かの作戦を取ることが多く、しかもそれは次々と成功した。

ヒトラーがナチ党の党首になって2年後、1923年のミュンヘン一揆がその始まりだった。ヒトラーは、武装したナチ党員と共にミュンヘン郊外のビアホールに乱入。天井に向けて銃が放たれると、ヒトラーはテーブルの上に飛び乗って、演説を始めた。

「国家革命は開始された。バイエルン州およびドイツ中央政府は倒れ、臨時政府が樹立された」

突然の出来事に客は呆然と立ち尽くしていたが、いつの間にかヒトラーの演説に魅了されていく。最終的には、ヒトラーは割れんばかりの拍手を背に、市内中心部へと行進を開始した。

このまま3000人の武装した党員と、ナチ党に賛同する市民たちによって、中央政府にクーデターを起こす、というのがヒトラーの計画だった。

しかし、一揆は警察によってあっけなく鎮圧され、ヒトラーは逮捕された。

本来なら、これでヒトラーの政治生命は絶たれてもおかしくないが、一揆には州政府の高官や裁判所の判事らも加わっていた。このため、ヒトラーに同情的な審理が進められ、わずか9ヶ月で仮釈放。この事件を機に、ヒトラーは武力によるクーデターではなく、合法的な政権奪取を目指すことを決意する。

また、失敗には終わったものの、一揆の後にヒトラーの名前は多くの国民に知られることとなり、格好の宣伝となった。ヒトラー釈放のニュースに、ミュンヘンの人々は歓喜の声を上げたという。この無謀なクーデターにより、ヒトラーは熱烈な愛国者として、大衆の支持を得たのである。

さらに、国家の全権を掌握してからは、ヒトラーの博打魂が本格的に発揮された。

1936年のラインラント進駐も大きな賭けだった。

ラインラントとは、ドイツ領ではあったが、ヴェルサイユ条約によって非武装地帯とされた地域である。常識的に考えれば、連合国の中核であるイギリスとフランスが黙っているわけがない。そうでなくても、ヒトラーはヴェルサイユ条約を無視して、再軍備を強行していたのだ。

しかし、ヒトラーは自信満々だった。

「連合国の軍事介入はない。一発の弾丸も放たれず、われわれは成功するだろう」

この予想は的中した。フランスから非難の声は上がったが、連合国側が武力で阻止することはなかった。

後にヒトラーは「ラインラントの進駐後の48時間は、私の生涯で最も神経のくたびれた時間だった」と振り返り、さらにこう続けている。

「なぜならわれわれの戦力はささやかな抵抗をするだけにも足りなかったからだ」

名ギャンブラーも内心はヒヤヒヤだったようだ。

気をよくしたヒトラーは、1938年にはオーストリアを併合、1939年にはチェコスロバキアに侵攻した。軍部の中には無謀な侵略を止める声もあったが、ヒトラーは反対意見をすべて黙殺した。ラインラント進駐と同じく強引に侵略を進め、結果的にはヒトラーの思惑通り、またしてもフランス、イギリスの軍事介入はなかった。

1939年のポーランド侵攻に至り、ようやくイギリスとフランスがドイツに宣戦布告したが、この頃のドイツの、いや、ヒトラーの勢いはすでに止められないものになっていた。

1940年には4月にデンマーク、ノルウェー、5月にはオランダとベルギーを次々と侵攻した後、ついにはパリに入城。なんとフランスを降伏させてしまったのである。

フランスに勝利したのも、やはりヒトラーの大胆な作戦によるものだった。

ヒトラーは、戦車部隊の通過が困難とされていた森林地帯をあえて戦車で奇襲した。思いもかけない攻撃に、英仏連合軍はドイツに包囲されてしまい、フランスは降伏した。第一次世界大戦で5年かけても歯が立たなかったフランスを、ヒトラーはあっさりと打倒したのである。

もはや、ヒトラーの神がかった力を疑う者はいなかった。そして同年、ヒトラーは、長年の目的だったユダヤ人大量虐殺に着手し始める。

ユダヤ人を大量虐殺

すでにほとんどの読者がご存じだろうが、ナチスによるユダヤ人大量虐殺は、最悪の戦争犯罪として歴史に刻まれている。

1940年、ポーランド南部にアウシュヴィッツ収容所が建設された。ここには、ソ連、ポーランド、ルーマニア、ハンガリーなどヨーロッパ各地から、ユダヤ人捕虜が貨物列車で運ばれてきた。

フランス降伏後、パリを訪れたヒトラー

収容所の幹部は、列車からぞ

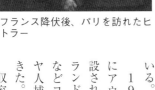

ろぞろと降りてきたユダヤ人たちを、健康な者と、身体障害者を含む病弱な者の2組に分けた。前者はそのまま収容所に置かれ、軍需工場で強制労働を強いられた。

一方、労働不適格の者たちには、こんな説明がなされた。

「これから体を清潔にするための消毒を行う。消毒液のシャワーを浴びた後、衣服を間違えずに着られるように、必ず自分の番号を覚えておくこと」

だが、実際には「消毒液のシャワーを浴びた後」の時間は存在しなかった。

衣服を脱いだユダヤ人たちは、廊下を通ってシャワーや水道の栓が並ぶ消毒室へと導かれ、全員が部屋に入るのを確認すると、係はそっと出て行き、重い扉を閉めた。すると、天井ではガスマスクをつけた者が、薬剤「チクロンB」を穴から部屋の中へと落とし込んだ。

「チクロンB」は毒ガスである。「消毒室」と呼ばれた部屋はユダヤ人を効率よく処理するためのガス室だったのである。

部屋では裸にされたユダヤ人たちの断末魔が響き渡った。毒ガスの穴から近い順にバタバタと倒れ、3分の1は即死した。残った者は、なんとか空気を取り入れようともがき苦しんだ。苦しみのあまり、壁や人の背中に爪を立てて死んでいった者もいた。

全員が絶命すると、作業員たちは死体の口をこじ開けて金歯を探したり、肛門や生殖器に宝石が隠されていないか探したりした。

財産漁りが済むと、死体はエレベーターで火葬場へと運ばれ、無残に焼かれた。

実際の数より誇張されているとする見解もあるが、一説によれば、一日当たりアウシュヴィッツの第１、第２焼却所で２０００体、第３、第４の死体焼却所で１５００体、第５焼却所では９０００体のユダヤ人の死体が焼かれたといわれている。

アウシュヴィッツの収容所の門

今日、我々がよく耳にするのはこの「アウシュヴィッツ」という地名だが、地獄への入り口は、ここだけではなかった。トレブリンカ、マウトハウゼンなど、各所に強制収用所のガス室が存在したのである。

ガスで殺しただけではない。ナチスは生きたユダヤ人を使って、残虐な人体実験を繰り返した。

冷水を張った水槽に少年を沈めて失神状態における体温水準を計る、生きながらに頭部を切り離して頭蓋骨の標本を作る、男性にX線を大量に浴びせて精子を破壊する、ガン細胞を植え付けた上で女性の子宮を摘出する……挙げていくとキリがない。人を人とも思わないとはまさにこのことだろう。

ヒトラーはユダヤ人を「抹殺するべき劣った人種」と称し、民族ごと根絶やしにしようとしたのである。

ヒトラーだけが悪だったのか

しかしなぜ、ユダヤ人というだけでこんなひどい目に遭わねばならなかったのだろうか。

実は、ユダヤ人を嫌ったのは何もナチスやヒトラーだけではなかった。当時のドイツでは、ユダヤ人の悪口を歓迎する土壌があったのである。

というのも、ユダヤ人はドイツ人口全体の1パーセントに過ぎなかったにもかかわらず、エリート層や知識層においては多くの割合を占め、あらゆる分野で成功者が多かった。

また、第一次世界大戦後のドイツでは、卵1個の値段が以前の3000万個分まで高騰するという、未曾有のインフレが巻き起こった。紙幣が紙くずとなったハイパーインフレは、貧しい人たちの生活を直撃し、町には失業者が溢れかえった。

一方で、大企業や金融業者などのドイツの資産を安く買い、富を築いた者も存在した。その中にユダヤ人が多かったことも、ますます疎まれることになった要因の一つである。

とはいえ、一口にユダヤ人といってもむろん成功者ばかりではなく、実際には貧しい人も多かった。だが、ユダヤ人こそが共産主義革命を操っているなどの誤った陰謀説も流布し、実際にユダヤ人は各地で迫害を受けた。

このような大衆の反ユダヤ感情を敏感に察知したのが、ヒトラーだったのである。

政治活動をするや否や、ヒトラーは反ユダヤ主義を掲げて民衆の支持を集めた。これは、いわばヒトラーの核となる政治方針だった。

だからこそ、ヒトラーは全権を掌握した際に、公約通りにユダヤ人の大虐殺を行ったのである。

そう考えると、あまりにも過激で極端だったとはいえ、ヒトラーは一途に大衆の要望に応えてきたに過ぎないともいえよう。ユダヤ人の大量虐殺によって「残虐な独裁者」というイメージのみが強く後世に残ったが、実は、ヒトラーが行った政策の何もかもが残虐非道に満ちているわけではなかった。

生産力の拡大と完全雇用をめざした失業抑制政策は、深刻な失業問題を見事に解決させた。ヒトラーは、第一次世界大戦の敗戦でボロボロになったドイツを、アメリカに次ぐ世界第2位の経済大国へのし上がらせたのである。

他にも、少子化対策や労働者に対する教育改革あるいは給料天引きの源泉徴収制度まで、ナチスが始めた先進的な社会制度は後に各国で採用された。世界に先駆けて女性に投票権を認めたのも、女性の社会進出を促したのもナチスだった。

そんな民衆の期待に応えてきたヒトラーにも、やがて限界が訪れる。

ソ連にしかけた戦争は、冬場に一転して苦境に立たされ退却を余儀なくされる。晩年はパーキンソン病にも苦しめられ、人前では震える手を隠しながら気丈に振る舞った。

生存中、ヒトラーに降りかかった暗殺計画は40回を超えた。中には爆弾の入ったカバンをたまたま数センチ移動させた者がいたため、命拾いしたケースもあった。

強運を背に、不死身とも思われたヒトラーだったが、追い込まれた1945年、拳銃自殺でこの世を去った。

ドイツが戦争に勝利した後に関して、ヒトラーは壮大なる展望を持っていた。

ベルリンを大改造して夢の都市「ゲルマニア」を構築する――それは青春時代に挫折した、芸術家の夢を叶えることでもあった。

【鬼女帝】

西太后

Xi Taihou（1835 - 1908）

中国史において、最も権力を持った女帝が西太后である。

西太后は強大な清国において47年もの間、事実上のトップに君臨し、死ぬまで失脚させられることはなかった。

持ち前の才色兼備をいかんなく利用し、皇帝の寵愛を受けてのし上がった西太后。本書唯一の「女暴君」である。

その美貌の下の素顔とは、いったいどのようなものだったのだろうか。

中流家庭から皇室に入る

西太后が皇帝の側室に選ばれ、後宮に入ったのは18歳のときである。清朝第9代皇帝である咸豊帝《かんぽう》に気に入られ、寵愛を受けた。

これ以前の西太后の経歴については、あまりはっきりしていない。

というのも、近代以前の中国は儒教に基づく激しい男尊女卑社会だったため、女性の経歴は男性に比べてしっかりと残らなかったうえ、西太后自身も、幼年時代に関して積極的に語ることはなかったからだ。

分かっているのは、西太后は１８３５年に満州人の中堅官僚の娘として生まれ、出生地はおそらく北京あたりだろうということだ。貧しい家に生まれたという説もあったが、実際は中流家庭だったことが近年の研究で明らかになっている。

いずれにせよ、18歳の西太后が清朝独自の后妃選定制度「選秀女」を通過したことは、一家にとって非常に喜ばしい立身出世だった。西太后の実家はお祝いムードに包まれたことだろう。

選考が行われた時期が、咸豊帝の父、道光帝が死去したばかりというタイミングも絶妙だった。老帝の妃では、たとえ選ばれても先が知れている。まさにこれからという新帝の后妃として選ばれた意味は大きかった。

咸豊帝

西太后は当時をこう振り返る。

「宮中に入った後、宮人たちはみな私が美しいので嫉妬したけれど、全員、私の制するところとなった」

いつも自信に満ち溢れていた西太后。咸豊帝の后妃は10人いたが、西太后はその中で第3位の序列が与えられた。

第1位の皇后に選ばれた東太后の地位は揺るがないものだが、西太后が3位から2位に這い上がるには、男子を産むことが絶対条件だった。そうでなければ、逆に下から抜かれて転落してしまうこともある。

しかし、咸豊帝の第1子を宿したのは、西太后ではなく、麗嬪《れいひん》という女性だった。咸豊帝が即位して5年、待望の跡継ぎ誕生に周囲は色めきだったが、生まれたのは女の子だった。西太后は胸を撫でおろしたに違いない。

映画『西太后』では、第1子懐妊に嫉妬した西太后が麗嬪の手足を切断し、達磨のようになった麗嬪を生かしたまま瓶に入れるシーンがある。これは史実でなくフィクションだが、かようなエピソードが作られること自体、いかに西太后の性格が残忍だったかということが窺える。

そして、待望の第2子を懐妊したのが西太后だった。しかも男の子である。強い執念が実を結んだのであろう。

こうして、西太后は東太后に継ぐ地位を手に入れることとなる。後継ぎの出産は、後に己の意のままに政治を進める女暴君の、記念すべき第一歩だった。

東太后との垂簾《すいれん》政治

咸豊帝の子を産んだ西太后は、段々と発言力を強めていく。

頭の良かった西太后は、当時の女性としては珍しく公文書の読み書きができた。後宮に入ってからも向上心を失わず、四書五経や二十四史を読み、政治を学んだ。自らの政治家としての運命を見据えていたのかもしれない。

また、咸豊帝の秘書のようなこともしており、公文書の読み書きができず、政治に無知だった東太后とは好対照だったといえよう。

東太后

1861年、咸豊帝が亡くなる寸前で情報をキャッチした西太后は、乳母からわが子を奪い取り、いまわの際の皇帝に駆け寄った。

「お世継ぎはいかがなされるんでございましょうか」

だが、青白い顔をした咸豊帝から声は発せられない。西太后はわが子

同治帝

を突き出し、こう叫んだ。

「皇上《うえさま》の御子でございます！」

　咸豊帝は6歳のわが子を見つめて、こう呟いた。

「ああ、その子に継がせよ……その子の母らを摂政に」

　こうして西太后の息子は、同治《どうち》帝として即位することとなった。

　帝の死の間際に見せた西太后の執念に、周囲はただ呆然としていたようだ。

　しかし、西太后の前に粛順《しゅくじゅん》という男が立ちふさがる。彼は、咸豊帝の時代から野心家として知られており、前皇帝も手を焼いていた。粛順は、何かとうるさい西太后を抹殺しようと企んだこともある。未遂に終わったが、西太后も漏れ聞いていただけに、内心怒りに震えていたに違いない。

　しかし咸豊帝の死後、西太后の傍に残されたのは幼い同治帝のみ。このままでは、海千山千の粛順が実権を握っていくのは目に見えている。

そこで西太后は、東太后と手を組み、クーデターを起こすことを決意した。

西太后と東太后は、事前に根回しをして、粛順とその一派である端華《たんか》、載垣《さいえん》の3人を役所から罷免し、捕らえることに成功した。これが「辛酉《しんゆう》政変」と呼ばれるクーデターである。

端華と載垣は人目の触れぬところで死ぬことを許されたが、西太后の激しい怒りを買っていた粛順は刑場に運ばれると、民衆の目に晒される中で、首を切られた。

粛順がひざまずかなかったので、死刑執行人は粛順の足を鉄の棒で叩き折ってから処刑したという。興奮した子供たちは泥や石を次々と投げ、粛順の顔はもはや原形を留めていなかった。

邪魔者を消した西太后は、皇后の東太后と共に垂簾《すいれん》政治を始める。

垂簾政治とは、皇太后が男性の前に顔を出せない中国において、皇帝の影で政治を指示することを言う。東太后は政治には全く興味を持たなかったので、実質、西太后のみによる政治が幕を開けた。

「辛酉政変」の成功には、かつて咸豊帝に失脚させられた、弟の恭親王《きょうしんのう》の協力があった。

西太后は恭親王に対し、「粛順らが横暴を振る舞っている」と女性らしく涙で訴えて協力を取り付けたのである。

恭親王

しかし、革命が成功してしまえば、前帝の弟など邪魔なだけだ。恭親王が力を持ち始めると、西太后は群臣を収集してこう言った。

「恭親王は徒党を組み、政治を牛耳っています。もう我慢できません。厳罰に処すべきです」

突然の命令に群臣が戸惑っていると、西太后はヒステリーを起こした。

「もし見て見ぬふりをするなら、皇帝が成人された暁には、そなたたちも無事では済みませんよ！」

さらに西太后は自らの手で、同治帝の文書を代筆してこう書いた。

「朕《ちん》が幼少であると見て馬鹿にしている」

捏造丸出しの罪状だったが、皇帝の名で命令されれば群臣たちも動かざるを得ない。恭親王は捕らえられ、ろくに状況も分からぬまま、同治帝と西太后に土下座させられ、犯してもいない罪を詫びさせられた。恭親王はあまりの悔しさから、慟哭混じりの謝罪となったという。

西太后に逆らうと大変なことになる。この事件は、それを知らしめるのに十分だった。

実際、恭親王は、これ以降政治へ熱意を注ぐのをやめ、芸術の世界へ力を入れたという。

西太后はこの他にも、側近をわざと失脚させて本当に忠誠心があるかどうかを試したり、一部の者が権力を持ち過ぎないように調節したりすることが度々あった。

ヒステリックな女帝にいつ手の平を返されるか分からぬ恐怖で、周囲は気が気でなかっただろう。

女同士の争い

幼い皇帝を意のままに操っていた西太后だったが、やがて同治帝も成長して18歳になった。するとと自分の権力を試したくなり、突然こんなことを言い出した。

「アヘン戦争で英仏軍に破壊された円明園を、莫大な予算を使って修理したい」

当時の清朝は、とてもそんな財政的余裕はなかったのだが、同治帝は反対派を次々と首にした。母の言いなりだった皇帝のストレスが、一気に爆発したのかもしれない。

しかし、西太后はまたしても息子を押さえつけて計画を断念させた。

同治帝は最期まで西太后の支配から逃れられなかった。なぜなら、それから1年後にわずか19歳にして、母より先に死んでしまったためである。死因は天然痘とも、梅毒ともいわれている。

困ったのは西太后だ。同治帝は子を残しておらず、跡継ぎがいなかったため、このままだと西太后の影響力が落ちるのは明白だった。

そこで西太后は、慌てて妹の子・光緒《こうしょ》帝を次に皇帝の座に就かせる。しかしこれは「たとえ同治帝と血が薄くなったとしても、その下の世代から皇帝を選ぶべきだ」などと周囲から反発を受けた。

しかしそんな声もどこ吹く風。西太后は強引にこの人事を押し切った。自分から遠い者を皇帝の座に就かせるなど、絶対に許せないことだった。

この光緒帝が皇位に就いたことで命を落とした女性がいる。同治帝の皇后で、西太后と嫁姑の関係にあった阿魯忒《あるとし》氏である。

嫁と姑の仲が悪いのは現代でも変わらないが、西太后は阿魯忒氏を執拗にいじめ抜いた。阿魯忒氏は穏やかな性格の才女だったのだが、西太后はそれが気に食わなかったのかもしれない。

光緒帝が即位した後も、西太后は、自分が皇太后であり続けた。本来なら、先代の皇帝の后である阿魯忒氏が繰り上がるはずのところだが、それを譲られなかったのである。

これにより、阿魯忒氏はただの皇后のままとなった。光緒帝はまだ幼子だったが、いずれ皇后をもらってしまえば、自分はもはや何者でもなくなってしまう。存在を抹殺されたかのようなこの仕打ちに、阿魯忒氏は21歳の若さで自殺してしまった。西太后が追い込んだも同然といえよう。

加えて、このとき失われた命はひとつだけではなかった。阿魯忒氏は、子を宿していたのである。

一説には、西太后のいじめには暴力もあり、それがエスカレートして殺害してしまったのではないかという疑いもある。元々西太后はヒステリーを起こすと何をしでかすか分からない。憎い相手ならばなおさらのことだっただろう。

光緒帝

女同士の戦いといえば、実質は西太后が権力を握りつつも、地位的に絶えず自分の上にいた東太后のことも決してよく思ってはいなかった。

その東太后は光緒帝が即位して6年後、1881年に倒れてそのまま亡くなってしまう。あまりの突然死だったため、西太后毒殺説も囁かれたが、現代医学の観点からは重篤な脳血管障害だったともいわれている。

真相はどうあれ、東太后の死により、西太后の暴走を止められる者は誰もいなくなった。

美容のために人間の乳を飲む

わずか4歳の光緒帝を即位させた西太后は、幼い皇帝に自分の事を「親爸爸《チンバーバ》」つまり「お父さん」と呼ばせた。そこには「おまえは、私の胞妹が生んだ子だから、私から生まれたとの同じだ」という意味が含まれていたのである。

すでに40歳になっていた西太后だったが、同治帝のときと変わらず、垂簾政治を行った。

光緒帝が自分の后を決める后妃選定のときも、西太后は黙ってはいなかった。

最終候補が5人まで絞られ、その中には西太后の姪が含まれていた。後は光緒帝がその中からひとりを選べばよいのだが、光緒帝は「このような重大なことは皇爸爸《ホワンバーバ》（物心がついてからの「親爸爸」の表現）がお決め下さい」と情けないことを言う。

そこで西太后が皇帝に自分で選ぶように命令したところ、あろうことか光緒帝は、5人の中で一際美しかった姉妹の姉の方にふらふらと寄っていった。自分の姪が当然選ばれると思っていた西太后はあせり、思わず叫んだ。

「皇帝！」

この一言でハッとした光緒帝は、自分のお気に入りを皇后にすることを諦め、しぶしぶ西太后の姪を選んだ。西太后は、光緒帝の意思で選ばせる気など最初からなかったのである。

しかも、ふつう最終選考に残った女性たちは妃嬪《ひひん》（側室）にはなれるのだが、光緒帝が心惹かれた美しい姉妹は外された。光緒帝が皇后よりも妃嬪を愛することを恐れ、西太后が手を回したのである。

皇后にしようとしたばかりに、光緒帝は美女を自分の近くに置くことさえもできなかったのだ。危ない芽は先に摘み取っておく、実に西太后らしい行動である。

姪を皇后に据え、これでわが身も安泰だと安心した西太后は、この時点で政治家を引退する。北京郊外の頤和園《いわえん》に引っ込み、表舞台から姿を消した。頤和園とは、西太后が隠居するために建てられたもので、造営にあたりなぜか海軍の軍事費が充てられている。西太后は、その理由をこう説明した。

「湖で海軍の訓練をする」

当然こんなものはこじつけである。この影響で、海軍はその後10年間も兵器が更新できず、国にとっては大きな痛手となった。一方、西太后はといえば、この建物で大好きな京劇を見て、日々ご馳走に舌鼓を打ちながら、豪華な調度品に囲まれた生活を満喫した。

ちなみに、この美しい頤和園は現在、世界遺産に登録されている。

さて、西太后が隠居したことで、皇帝が皇帝らしく振る舞えるかといえばそんなことはない。西太后はきっちりと、自分の臣下を権力の中枢に残していた。彼らは、西太后を訪ねて指示を仰いでいたため、西太后の影響力はまだまだ健在だった。もちろん、光緒帝に西太后の臣下を排除するだけの力はなかった。

悠々自適の西太后は、美容にも余念がなかった。

入浴した後はたっぷり時間をかけて両手を湯にひたし、顔や頬は蒸しタオルで温めてから、卵白を擦りこんだ。さらに自ら考案した美容水を塗って就寝した。そして、10日に1回は、真珠の粉を茶さじ1杯ずつ飲んだ。これも美容のためである。

極めつけが人間の乳だ。西太后は若い頃から、茶碗一杯の母乳を飲むことを1日も欠かしていない。そのために乳母を常時2、3人雇っていたほどである。

すさまじい美への執着だといえよう。しかし、美しい容貌をきっかけにのし上った西太后にとってはこんなことは当然だったのかもしれない。

清国の混乱の中で

影響力を保持しながら隠居していた西太后が、再び表舞台に舞い戻ったのは日清戦争のときだった。「日本には勝てない」と判断し、西太后はこの戦争に反対したのである。ところが光緒帝は「反日愛国」を掲げ、日本との開戦を強く主張した。皇后選びさえも西太后の言いなりだった皇帝だったが、このときばかりは西太后に歯向かったのだった。これまで皇帝を押さえつけてきた西太后も、「反日愛国」の動きには勝てず、１８９４年、日清戦争が開戦してしまう。

結果は西太后の読みどおり日本側の勝利。この敗戦のおかげで、60歳の誕生日祝いは、規模が縮小された。戦争に敗れた直後のことであり、当然と言えば当然だろうが、情熱を燃やして準備していた行事だっただけに、西太后は光緒帝を強く恨んだという。

その後、光緒帝はさらに西太后と対立を深めていく。康有為《こうゆうい》という男と組み、立憲君主国を作り上げるべく、次々と国内改革に着手した。その性急さから「百日維新」と呼ばれるほどだった。

西太后はあえて口出しせずこの動きを静観していたが、あるとき、光緒帝が自分から実権を奪うクーデター計画を立てていることをキャッチする。

これに激怒した西太后は光緒帝を呼び出して跪かせ、そして大声でこう怒鳴った。

「私が今日いなくなれば、汝の明日もないことがわからぬのか！」

真っ青になってうなだれた光緒帝であったが、時すでに遅しである。光緒帝は幽閉され、変法派の人々も次々と殺されていったのだった。

1899年、国内における外国人の横暴に耐えかねた人々が義和団事件を巻き起す。西太后は、これを鎮圧せず、むしろ利用して外国と対決する道を選んだ。

だが、その攻撃が各国公使館にまで及ぶと、むろん各国も黙ってはいなかった。日本・イギリス・ロシア・ドイツ・フランス・アメリカ・イタリア・オーストリアの連合軍が清国に侵攻し、北京は陥落した。

連合軍が光緒帝を復権させることを恐れた西太后は、光緒帝を連れて北京から逃亡。粗末な服を着て、一般婦人に変装して西安に向かった。

このとき、光緒帝が連れていた珍妃《ちんぴ》という女性が邪魔だったため、西太后は得意のヒステリックを如何なく発揮する。非情にも、彼女に自害を命じたのだ。

驚いた珍妃は西太后の前に跪き、泣きながら「わたくしめを許してくださいませ」と命乞いした。その様子を見て、光緒帝も涙を流した。西太后が言い出したら聞かないことは、光緒帝が一番よく知っていたからである。

むろん、珍妃の懇願など西太后には関係ない。冷たく「死ぬがいい」と言い放った。

こうして、珍妃は井戸に放り込まれ無残に殺された。

その後、西安に逃亡した西太后は、再び贅沢三昧の日々を送る。西安に税金を集中させ、血税を使って贅沢な衣装をまとい、来る日も来る日も芝居を楽しんだ。

毎日100品あまりの料理を食べ、1日で約1000万円分を食費に費やすと、西太后はこう言い放ったという。

「今日はずいぶん倹約できた」

さて、義和団事件の事後処理の議定書である辛丑《しんちゅう》条約が締結され、連合国が自分の責任を追及しないと分かると、西太后は北京に返り咲いた。北京の帰還途中の町で67歳の誕生日を祝い、そこでも約15億円を使った。

やりたい放題である。国の混乱を助長した反省の色など、そこからは全く見えてこない。

かつてはかなりの排外主義だった西太后だが、その後すっかり外国文化を気に入り、

幼少時代の溥儀（右）

西洋風のパーティまで開くようになった。また写真撮影も好み、あちこちで撮った写真が現在でも残されている。さぞかし楽しい老後だったことであろう。

1908年、光緒帝が死去すると、ラストエンペラーである宣統帝《せんとうてい》（溥儀《ふぎ》）が3歳で即位。その後を追うかのように、光緒帝が死んだ翌日、西太后は74歳で他界した。

「以後、2度と再び婦人を国政に関与させてはならない。これはわが清朝の家法に背く行いであり、厳密に防ぐ必要がある」

権力をほしいままにし、国費で贅沢三昧の生涯を送った西太后の最期の台詞である。

「お前が言うな」という気もするが、説得力は抜群だ。

いつの世も、美しい花には棘があるということだろう。

【雷帝】

イヴァン4世

Иоан IV (1530 - 1584)

イヴァン4世は、ロシア統一政策を先代から引き継ぎ、大小の公国が集うロシアを帝国に築き上げた。

すでに先代の努力で分領公国はすべて併合されていたので、イヴァン4世は数々の行政改革を行って内政を整え、さらに、モンゴル・トルコ系の国家も併合して領地拡大に成功した。イヴァン4世をもってロシア統一がなされたとするのが一般的である。

しかし一方、イヴァン4世はロシア史上、最も残酷で冷血な暴君としても有名である。その気性の激しさから自分に楯突く者を次々と処刑したため「雷帝」という異名で恐れられた。

桁外れの人数をなぶり殺しながらも、神への信仰心は厚かったイヴァン4世。そのあまりにも個性的な人生を見ていきたい。

暴力と血にまみれた幼少時代

イヴァンの父・ヴァシーリ3世は、20年の結婚生活を経ても子供ができなかった。どうしても跡継ぎがほしかった彼は、新しい女性をめとるべく、妻を宮殿から追放して力ずくで修道院へと幽閉した。

そして後妻に25歳年下のエレーナ・グリンスカヤを迎えると、ヴァシーリ３世はエレーナの若さと美貌の虜になってしまう。彼女に気に入られるためなら、と伝統に反して髭まで剃ってしまったほどだ。

しかしまたもや子供ができず、しばらく苦悩の日々が続いた。祈祷から魔術まであらゆるものにすがりながら、５年目に待望の男の子が誕生した。

１５３０年８月25日の明け方、ロシア全土には凄まじい大雨が降り注ぎ、天空には稲妻と共に雷鳴が轟き、大地を揺るがした。

雷帝イヴァンの誕生である。

待望の跡継ぎが生まれて大喜びのヴァシーリ３世は、モスクワを離れるとき「息子は元気にしているのか」「何を食べているのか」など、妻への手紙で赤子の様子をしきりに尋ねていた。

しかしヴァシーリ３世は、ある日、狩りをしているときに突然腰に痛みが走り、さらに激しい眩暈に襲われ、病に臥す。あらゆる治療法を試しても病気は悪化し続け、あっけなくこの世を去ってしまった。

こうして、父を亡くしたイヴァンは、わずか３歳にしてモスクワ大公に即位することになる。

あまりに幼い君主に代わり、母のエレーナとその愛人オボレンスキー公が実権を握ったが、その母も胸の発作に襲われて命を落とす。一説には毒殺ともいわれる不自然な形での死であった。

3歳で父を亡くし、8歳で天涯孤独となったイヴァン。母の死後、大貴族たちがかつての権力を取り戻すべく、血気盛んに争いを始めた。権力欲にまみれた大貴族たちに囲まれ、イヴァンは子供ながらに身の危険を日々感じ、気の休まる暇がなかった。

また、イヴァンにはユーリーという弟がいたが、彼は生まれつき聴覚に障害を持っていたため一緒に遊ぶこともできず、イヴァンの孤独は深まるばかりだった。

そんな中、たったひとりだけ友達と呼べる人物がいた。死んだ母のかつての愛人・オボレンスキーの妹で、イヴァンの乳母を務めたアグラフェナである。

しかし、王座を狙う有力者の手によって兄のオボレンスキーは投獄されてしまう。オボレンスキーは牢屋の中で鎖に押しつぶされながら息絶え、その粛清の手はアグラフェナの身にも及んだ。

唯一心が許せる存在だったアグラフェナが連行される際、イヴァンは彼女のスカートの裾を掴み、泣きながら衛兵たちに懇願した。

「何の罪もない。この女性を見逃してやってほしい」

だが、衛兵はイヴァンの頭を小突き、アグラフェナを連行していった。ふたりはそれから二度と会うことはなかった。

幼いイヴァンはいつか自分が殺される番がくると怯えていたが、大貴族たちは互いに争うことに夢中だった。小僧など始末しようと思えばいつでもできる、そんなふうに考えていたのかもしれない。

イヴァンは、大貴族たちの手によって父の財産が粗末に扱われたり略奪されたりするのを、唇を噛みながら眺めるしかなかった。儀式のときには君主である自分にうやうやしく接してくる大人たちは、それ以外の場所では自分を召使の子供のように扱った。

小さな君主の内なる怒りは日に日に大きくなった。屈辱の日々をイヴァンはこう振り返っている。

「このような不遜な態度を誰が耐えられようか」

スパイ、毒薬、暴力……大人たちが醜く争うのを目の当たりにしながら、いつ殺されるか分からない思いの中でイヴァンは育ったのである。

貴族たちの暴力事件は日常茶飯事で、時にはイヴァンの寝室でさえ流血騒ぎが起きた。血みどろになって争う大人たちの姿は、幼い子供の目にどのように映っていたのだろうか。

こうした環境の中、イヴァンは不信感が強く怒りっぽい陰気な少年へと成長していく。

小さな暴君、復讐劇の幕開け

少年になったイヴァンは、醜く争う大人たちの真似をするかのように、動物を虐待した。小鳥を捕らえて羽をむしり、目玉をつぶし、腹をナイフでえぐった。痙攣する様子がなんとも愉快だった。

城壁の上から子犬を突き落とすのも好きだった。ハンマー投げのように頭上で犬をグルグルと回し、中庭に思いきり投げ込む。着地と同時に子犬の足が折れ、その鳴き声を聞くことが病みつきになった。時には猫も投げた。

しかし、かような気晴らしをしたところで、好き勝手に争う貴族たちへの憎悪は到底晴れなかった。

そんな日々の中、大貴族を牛耳る有力者アンドレイ・シェイスキーが敵対者に投獄を命じ、勝手に処刑を行った際、イヴァンはついに大きな賭けに出ることを決意する。

クリスマスの夜、イヴァンは大貴族たちを呼び出して晩餐会を開いた。椅子から立ち上がったイヴァンは、落ち着いた声で貴族たちにこう呼びかけた。

「自分の幼さにつけこみ、富の争奪に明け暮れ、独断で死刑の判決を下したことは許しがたい。おまえたちの中に、罪人は少なからずいる」

突然の言葉に対し、貴族たちは驚きのあまり呆然としてしまう。とても13歳とは思えない堂々とした態度で、イヴァンはこう続けた。

「見せしめのため、その中の最も罪深き人間、アンドレイ・シュイスキーを処刑するだけで満足するつもりである」

横暴の限りを尽くしていたシュイスキーを名指ししたイヴァン。だが、果たして衛兵は、君主とはいえ13歳の少年の言うことを聞くのだろうか？　逆に大貴族たちに潰されてしまうのではないのだろうか？　イヴァンにそのような不安がなかったわけではない。

だが、イヴァンは賭けに勝つ。

衛兵たちは若き君主の命令を厳守し、シュイスキーをひっ捕らえた。シュイスキーは飼育係に身柄を拘束されると、猟犬に食いちぎられ、その死体は公道に晒された。

君主としての力が証明されたイヴァンは、人間相手の残虐行為に走るようになる。同年代の貴族の子供たちと共に馬で町中を駆け回り、略奪を繰り返した。農民や商人たちを意味もなく打ちつけて痛めつけ、酒に興じては娘たちを強姦した。台風のようにやってくる乱暴者の一行に、民衆たちは震え上がった。

戴冠式で金貨を浴びるイヴァン４世

そんな蛮行を繰り返す一方、５時間のミサに参列するほど信心に励んだり、聖書や神学、歴史、宗教と本を読み漁ったりする一面もイヴァンにはあった。

そして１５４７年1月16日、イヴァンは16歳で正式にツァーリ（君主）として戴冠し、イヴァン4世となった。ちなみに、ツァーリとは、イヴァン４世の祖父イヴァン3世が初めて用いた称号である。

こうして、雷帝イヴァンによる本格的な統治の幕が開いた。

人間不信と妻の死

イヴァン4世は、治世初期の頃には、統治者としての役割をしっかりと果たしていた。法律を整備し、貴族階級を根本的に組織しなおした。また、「ドゥーマ（貴族会議）」

のメンバーである大貴族の下に「勤務貴族」の人々がいたが、この中から生まれが良く能力の高い青年を1000人選び「千人隊」を結成。彼らをツァーリの親衛隊として、行政や外交上の使命を与えた。

ゼムスキー・ソボールの様子を描いた絵画

また、それぞれの人種、社会階級から代表者を集めて「ゼムスキー・ソボール（全国会議）」という、身分制議会を開設した。重要な事柄はドゥーマではなく、このゼムスキー・ソボールで決定した。

貴族会議にしろ、全国会議にしろ、実態はイヴァンの決定を拝聴するだけではあったが、外見上の合法性にこだわり、法律を整備したのである。

さらに、数々の地方行政改革を実現させ、行政事務を行う役所「プリカース」の整備を行い、「長官―書記官―書記補」と組織立てて、秩序立った治世を目指した。

そして、聖職者たちに教会法に対する君主の優越を認めさせ、宗教勢力に歯止めをかけた。これによっ

カザン・ハン国の併合を記念して建てられたワシリー大聖堂

て主教や修道院が土地を取得する際は君主の許可が必要となり、僧院が高利貸しを行うことも禁止となった。

このリーダーシップは、各方面でいかんなく発揮される。

イヴァンはロシア史上初めて、生まれではなく実績を重視して有能な軍人を軍司令部に置いた。また戦力アップのためには外国人傭兵も導入し、さらに皇帝直属の近衛銃兵隊「ストレリツィ」を編成した。

東方のタタール諸国へ進出し、1552年にカザン・ハン国、1556年にアストラハン・ハン国を併合することに成功。若き皇帝は、領土拡大に意気揚々として併合した町の再建に取り組んだ。

そんな順風満帆な日々の中、イヴァンは突然の病に倒れる。かなりの重病で、医師たちは何かの感染による発熱だと診断して匙を投げた。イヴァン自身も祈祷や瞑想をしながら、最期が近いと覚悟していた。

23歳の君主が病に臥したことで、民衆は悲しみにくれた。イヴァンは恐ろしい君主には違いなかったが、いつしか頼れるリーダーとしての地位を築いていたのである。

他方で、勢いづいたのが大貴族たちだ。彼らがもっぱら関心を持ったのは後継者問題である。イヴァンは死の淵で、生後数ヵ月の息子ディミートリーを後継者として指名するが、それに反対する勢力が現れ、「イヴァンの従弟、ウラディーミル・アンドリエーヴィチが継承するべきだ」と主張した。

後継者を巡って二派は激しく対立した。イヴァンは反対派を呼んで、息子への忠誠を誓うように命じたが、無視された。それどころか、くたばり損ないには用はない、といわんばかりの態度で、イヴァンが臥すベッドの横で口論を始める始末だった。

イヴァンの中で、薄らいでいた貴族たちへの嫌悪が再び蘇る。

自らの権勢のために陰謀を張り巡らせ、君主である自分の死などろくに悲しまない。その態度は、幼少時代に経験した冷遇とまるで同じではないか――。

無念な思いに唇を噛んだイヴァン。ところが、この悔しさが効いたのか、ある日を境に病状は和らぎ始め、奇跡的な回復を遂げてイヴァンは復活する。

てっきり死ぬものだと思っていた貴族たちは激しく狼狽した。しらじらしく君主の快復を喜んだが、イヴァンはもはや彼らを信用できなかった。

こうして、どうにか一命をとりとめたイヴァンであったが、その後も苦悩は続いた。息子が風邪をこじらせて死亡したかと思えば、なんと最愛の妻・アナスタシヤまでもが神経の発作を起こし、この世を去ってしまったのである。

悲しみにくれたイヴァン。やり場のない怒りは、彼の激しい残虐性を呼び覚ました。人間はそこまで残虐なことができるのか——。雷帝イヴァンによる恐怖政治の火蓋が切られた。

幼児の目をえぐる特権階級

妻を亡くしたイヴァンはやけ酒をあおるようになり、愛人を次々と抱いたが、気が晴れることはなく、周囲の人々を次々に処罰し始める。

自分が病気のときに曖昧な態度をとった貴族たちを投獄し、その兄弟や子供も逮捕して暗殺した。とるに足らない口論においても、イヴァンは自ら短刀を振り上げて相手を殺害した。仮面舞踏会で仮面を着けなかっただけで、イヴァンから刺客を送りこまれて滅多刺しにされた貴族もいた。

また、イヴァンは自分に悪意を抱いていそうな貴族がいると、彼らを宮廷に招いて宴会を開いた。

イヴァンが強い酒を1杯飲み干すと、他の者も同じように1杯飲み干し、それをひたすら繰り返す。そのうちに全員が酩酊するのだが、もし途中で酒を拒否したり、椅子にきちんと座っていられなくなったりしたら、イヴァンはその者を「自分に悪意を抱いている」と決めつけて咎めたという。

「自分は何か気に食わないことをしていないだろうか」イヴァンが何かと難癖をつけては処罰しているうちに、誰もが戦々恐々とし始めた。中には、海外へ亡命する者まで現れた。

時は流れ、イヴァンはその風貌までもがすっかり不気味なものへと変わってしまう。背は丸く、額には深い皺、艶のない瞳。肌は青白く、薄くなった髪は30代にしてまるで老人のようだった。いったん怒り出すと髭をむしる癖があったため、わずか一房の毛だけが顎に残った。

この醜い皇帝は、恐怖の改革に着手する。

それは、全国土を皇帝個人の領土「オプリーチニナ」と、皇帝の支配下のもと貴族の所有権を認めた「ゼームシチナ」の2つに分けるというものだ。

オプリーチニナにはモスクワなど27都市、18の地方、主な交通網が含まれたが、それ

オプリーチニクの黒い制服

らすべてはイヴァンの私有地となった。住んでいた1万2000家族もの名門貴族たちが移住を命じられ、すべての土地と財産を失い、没落した。

さらにイヴァンはオプリーチニナに「オプリーチニク」と呼ばれる黒装束の特権階級軍団を配置した。イヴァンの命令を確実に実行する部隊である。オプリーチニクは、犬の頭とほうきのマークを馬の鞍につけていた。「主君の敵に噛み付いて追い払う」という意味だ。

猜疑心にまみれたイヴァンは、些細なことでも謀反を疑い、オプリーチニクによって処罰させた。

怪しまれた者はその首をはねられ、死体は川に投げ込まれた。鉄板でじわじわ焼かれて、爪の間に針を突き刺された者もいた。幼い息子と共に身体を切り刻まれるというむごい目に遭った者さえいた。

処刑の輪はどんどん広がり、犠牲者の家族、ひいては村全体にまで及んだ。

イヴァンの命を受けたオプリーチニクは村中を荒らしまわり、何の罪もない女性を強姦し、幼児の目をえぐった。森や畑には火を放ち、公道は死体で埋め尽くされた。

こうして多くの人々が、イヴァンの率いるオプリーチニクの毒牙にかかったのである。

それでもイヴァンに楯突くことは絶対にできなかった。それはすぐさま「死」に直結していたからである。

狂乱の後は、イヴァンは3人の盲目の老人が控える寝室で眠りにつく。老人たちはイヴァンが寝入るまで、代わる代わるに伝説を聞かせる役目だった。イヴァンは神経が高ぶったときには幻覚を見ることもあり、不眠症で悩んでいた。

そうしてしばしの睡眠をとると、夜中の12時に目を覚まし、教会で祈祷して魂を神に捧げた。すると、聞こえてくるのだという。次に葬るべき犠牲者の名が……。

イヴァンは祈りの言葉を唱えながら、合間を縫っては血なまぐさい処刑を側近に命じ続けたのである。

前代未聞！　町全体を虐殺

イヴァンは民衆をいたぶるだけでは満足せず、より恐ろしい計画をぶち上げた。

なんと町全体を虐殺するというのである。

悲劇の町としてノヴゴロドとプスコフが選ばれた。この両都市は、リトワとの貿易で栄えていたのだが、イヴァンが北方戦争を引き起こしたことで国交がなくなり、不景気の煽りをうけた。つまり、イヴァンへの不満が高まっている町を壊滅させてしまおうというわけだ。

ちょうどよいタイミングで、ノヴゴロドの大主教や町の名士がポーランド王国に宛てたこんな手紙が発見された。

「皇帝の暴政に苦しむわが町の住人は、いつでもポーランドに寝返る準備がある」

この内容を錦の御旗に、町単位の虐殺イベントは開催された。

１５６９年、イヴァンはオプリーチニクと銃兵１５００名と共にモスクワから出発した。目的地のノヴゴロドに着くまでに通過したすべての町で、行きがけの駄賃のように、住民を虐殺しまくった。

住民の死体は道に積み重ねられ、あるいは木の枝に吊るされた。犠牲になったのは人間だけではない。家屋は燃やされ、多くの動物たちの腹がえぐられ、死骸の山ができた。イヴァン一行が通った後は、すぐにそれと分かっただろう。しかし、これはまだ暇つぶしの前座に過ぎない。

先発の部隊がノヴゴロドに到着すると、オプリーチニクは町の周囲に柵を巡らせ教会の門を閉鎖した。これで住民たちは外に逃げることができなくなる。

何が起きているのかも分からぬまま、町の名士たちは自宅謹慎を命じられた。役人たちは全員逮捕。聖職者は１カ所に集められ、解放の条件として、とても払えぬような莫大な身代金を要求された。

町は静寂に包まれた。不気味な雰囲気の中、町の住民は皆震えながら言われた通りに閉じこもっていた。まもなくイヴァンも到着し、その日から連日、皇帝の前に１０００人あまりの住人が連れて来られた。

イヴァンは問答無用で彼らを拷問にかけていった。妻の前で夫、子供の前で母親をあえて拷問し、残酷の極みを楽しんだ。鞭で打ち、舌を切り、鼻をそぎ、手足をもぎとり、陰部を切り取った。

愛する者が目の前で、しかも国家権力の手によって、このような虐待を加えられるのを見るのはどれほどの苦痛だろうか。まるで悪魔の仕業である。

イヴァンは相手が血の塊となっても、まだ手を休めなかった。血まみれになった頭もしくは脚を、そりに結びつけて、ヴォルホフ河へと走らせると、家族をひとまとめにして氷の河の中へと投げ落とした。

浮かび上がって泳ぐ気力がある者には、小舟に乗ったオプリーチニクが槍や棒で串刺しにして、きっちりと仕留めた。

この虐殺は1ヶ月間も続き、犠牲者は6万人に上った。

棍棒でめった打ちにされ、生皮を剥がされ、八つ裂きにされて激しい苦痛でゆがむ人間の顔を見るとき、イヴァンは他では味わえない恍惚を覚え、性欲と厚い信仰心が湧き上がるのだった。そして、虐殺の後は精力的に女を抱き、何時間も祈祷に打ち込むことができたのだという。

殺戮が一通り落ち着くと、イヴァン一行は民家や教会などを荒らし、金品を根こそぎ略奪した。

こうしてノヴゴロドは壊滅状態となり、イヴァンの目的通り町ごと虐殺されたのである。

モスクワ広場で惨殺を見世物に

ノヴゴロドの次はプスコフの番だ。しかし虐殺を始めようとしたときに、予言の力を持つという僧が、到着したばかりのイヴァンにこう告げた。

「プスコフの子供の毛一筋にでも触れれば、神の怒りに撃たれるであろう」

イヴァンは不吉なことを言う僧を殺そうとしたが、僧が話しているうちに、空は曇り、雷が鳴り響いた。

これに恐れをなしたイヴァンは、結局、プスコフでの虐殺は中止してモスクワに戻った。だがもちろん、このまま黙っているイヴァンではない。

モスクワに戻ったイヴァンは、ノヴゴロドとプスコフのポーランド寝返り事件に協力した者たちを探し始める。議員や書記官など立場は関係なく、少しでも怪しい者はどんどん牢に入れられ、約３００人が投獄されてぼろぼろになるまで痛めつけられた。

そして、引きずられるようにして彼らが連れて来られたのは、モスクワの中央広場。そこにはすでに17台の処刑台に、人間が入るほど大きなフライパンや鍋が準備されていた。

そこで次々と囚人たちが殺されるはず……だったのだが、イヴァンはそれに待ったをかけた。

仏心が出たわけではない。誰も見物客がいなかったためである。

広場の不穏な雰囲気を感じ取り、市民たちはみんな家に閉じこもっており、街は閑散としていた。

「お前たちには何もしないから！」

よほど処刑を見世物にしたかったのであろう。皇帝が自ら街中を駆け回った。しばらくすると観客も集まり始め、イヴァンは彼らに向かってこう叫んだ。

「モスクワの民よ、これから拷問を行うが、私が罰するのは裏切り者である！　さあ、答えてくれ、私の裁きは正しいかどうか！」

するとモスクワ市民からはこんな返事が返ってきた。

「ツァーリ万歳！　ツァーリの敵は滅びるがよい！」

このレスポンスにイヴァンが大いに満足すると、ついに大虐殺ショーの幕は上がった。ある貴族会議員は足を縛られ、宙吊りにされて、皮膚をずたずたに切り裂かれた。ある主計官は熱湯と氷水を交互に浴びせられ、皮膚がずる剥けになった。他にも、肛門から長串で貫かれるという意識がなくなるほどの激痛が走る罰もあれば、鉄板でじわじわと焼くという身悶えするような罰もあった。

15歳の娘の前で母親を裸にし、張り綱にまたがらせて身体をゆっくり切断するという処刑も行われた。

残酷の限りを尽くしながら、1日で200人の囚人が虐殺された。

死体広場を掃除してしばしの休憩をとると、今度は追加で囚人の妻80人を連行してきた。彼女たちはモスクワ河に沈められた。

滅茶苦茶に切り刻まれた囚人たちの遺体は地面に放置され、暑さの中腐敗していった。モスクワの路上では、野良犬たちが死肉を奪い合う光景が1週間ばかり続いたという。


「なんてことだ、息子を殺しちまった！」


ネロのキリスト教徒殺戮や信長の比叡山焼き討ちなど、暴君たちには彼らを暴君たらしめる一大エピソードがある。

イヴァンの場合は先述した一都市全体の虐殺がそれに当たるだろうが、イヴァンほどの暴君になると、毎日がエピソードだらけであり、日常茶飯事に誰かを傷つけ、時には殺していた。

イヴァンは先端に鋼鉄が付いた重たい杖をいつも手にしていた。握りの部分には彫刻が施されており、イヴァンは人の話を聞くときに、その彫刻を指先で撫でていた。そして、少しでも気に食わないことがあると、鋼鉄の部分を振り下ろすのである。相手が流血して満足することもあれば、殺すまで打ちのめすこともあった。

あるときは軍司令官を大砲の火薬樽の上に座らせて、木っ端微塵にしてしまった。イヴァンは高笑いしながらこう言った。

「やっと信心するつもりになったのだから、天使のように天まで飛んでいけ！」

また、家臣の冗談が頭にきたイヴァンは、熱いスープを家臣の頭にかけ、さらにナイフで胸を一突きした。イヴァンの前では冗談さえも命取りになるのだ。

しかし、さすがに悪いと思ったのか、医者を呼んでこう言った。

「かわいい家臣を救ってくれ。ちと冗談が過ぎたようだ」

かわいい家臣を躊躇なく刺すところがなんとも恐ろしい。だが医者は首を振った。

「だいぶ冗談が過ぎたようですな。すでに息絶えております」

理由があるならまだいい。イヴァンはほんの気まぐれで軍司令官の耳をそぎ落としたこともある。

しかし、軍司令官は平然としてこう言った。

「陛下のお仕置き、身に沁みてありがたく存じます」

虐殺を繰り返していたイヴァンは、もはや力の加減ができなくなっていたのかもしれない。こうした暴力がエスカレートする中、イヴァンはとんでもないことをしでかしてしまい、一生後悔することになる。

宮殿内で、イヴァンの息子・ツァレーヴィチの嫁であるエレーナに会ったときのことだ。エレーナはしきたりどおりに3枚の重ね着をしておらず、軽いドレスを1枚だけ身にまとっていた。イヴァンは激怒し、エレーナを激しく打ち付けたところ、彼女のお腹にいた子供を流産させてしまう。

これに怒ったのが息子のツァレーヴィチである。イヴァンの部屋に乗りこむやいなや、汚い言葉で父をなじった。自分の妻が傷つけられ、産まれてくるはずのわが子を葬り去られたのだから当然である。

ところが、イヴァンは謝るどころか、ツァレーヴィチに対し激昂してしまう。持っていた杖で息子を無我夢中で叩きのめした。誰であろうと、自分に暴言を吐く者を許すわけにはいかなかった。

しばらくしてふと我に返ると、眼前にツァレーヴィチが血まみれで倒れている。すでに息はなかった。

殺すつもりなど全くなかったイヴァンは、動揺してうなり声を上げた。

「なんてことだ。息子を殺しちまった！　殺しちまった！」

途方にくれたイヴァンは睡眠も食事も拒否して、ひたすら息子の亡骸のそばに座り込んだまま、何時間も過ごしていたという。

晩年のイヴァンは、死者の冥福を祈るため、自分が行った虐殺の数々を文書として整理した。いくつかのリストに分け、３１４８人、３７５０人、という具合に数字を記録したのである。数があまりにも多いため、修道院に送ってしまった後に、漏れに気づくこともしばしばだった。

イヴァンがこの世を去ったのは53歳、１５８４年のことである。

その日は3時間ほど心地よく入浴し、少しの睡眠をとると側近とチェスを始めた。しかし、並べようとした駒が、手からするりと落ちてしまう。

イヴァンはそのまま静かに息を引き取った。

雷帝として駆け抜けた人生の終焉は、実に穏やかなものだった。

葬儀には大勢の人々が集まり、その遺体が埋葬されたのは、息子・ツァレーヴィチの墓の隣であった。

【メコンのヒトラー】

ポル・ポト

Pol Pot (1925 - 1998)

1975年、50万人もの命が奪われたカンボジアの内戦に終止符が打たれた。アメリカの言いなりだったロン・ノル政権を打倒したのは、ゲリラ勢力の「クメール・ルージュ（赤いクメール）」だった。ポル・ポト率いる、カンボジア共産党である。

これでようやく生活を立て直すことができる——内戦でボロボロになった国民がほっとできたのも束の間、次に待ち受けていたのは平和などではなく、内戦を超える空前の殺戮劇だった。

生き延びたひとりは、「地獄の何倍もひどい場所」。当時のカンボジアをそう表現した。膨大な数のカンボジア人を殺戮したポル・ポトは、「メコンのヒトラー」と恐れられた暴君である。いや、残虐性ではヒトラーをも凌いでいたかもしれない。

共産主義との出会い

ポル・ポトの本名はサロト・サルという。

ポル・ポトを名乗り始めたのは、1976年からだ。「物事に明るい人」を意味するこの名前は、革命のためにつけられたもので、以前の経歴を隠すのに役立った（本書では便宜上、1976年以前もポル・ポトと記載した）。

レーニン、スターリン、チトーなど、共産主義の指導者が、地下活動のために偽名を使うことは、珍しいことではない。

とはいえ、ポル・ポトの秘密主義は徹底していた。いつでも矢面に立つことはせず、密かに活動することを好んだ。自分の過去を語ることを避け、口をつくのは嘘ばかりだった。

例えば、正確な生年月日が判明したのは、死の半年前、1997年のことである。アメリカのジャーナリストのインタビューに「生まれは1925年1月」と答えている。これはポル・ポトが過去の私生活について正直に答えた、最初で最後のインタビューだった。

ポル・ポトは、カンボジアのプレクスバウ村の裕福な農家に、9人兄弟の8番目として生まれ、6才でプノンペンの宮廷に勤める兄の家に預けられた。

少年時代のポル・ポトを知る者の評判は、「冷静で、礼儀正しく、変わったところのない子供」「他の生徒と何の問題も起こさず、喧嘩や口論もしたことがなかった」「彼の態度は率直で、愉快で、非常に礼儀正しかった」など、概ね似かよったものだ。

プノンペン郊外の技術学校の建築科に進んでからも、同級生たちは「ポル・ポトはいたって平凡で目立たない生徒だった」と言い、少年時代から技術学校時代までは、将来大殺戮を行うような様子は全く見当たらない。

そんなポル・ポトが変わっていくのは、パリへと留学してからだった。

留学時代は「勉強を怠っていたら、当局から奨学金を取り上げられてしまった」と自らで語っているように、学業はおろそかにしていたようだが、ここでポル・ポトは、学歴などどうでもよくなるようなものとの出会いがあった。

それは共産主義である。

ポル・ポトはフランス共産党の党員となり、過激派の先輩たちと親密な関係を築く。討論グループ仲間のひとりによると、ポル・ポトはこう宣言していたという。

「僕は将来、革命組織を指揮する。その書記長となる。官僚たちを統制するのだ」

自身では「真の政治に目覚めたのは帰国してから」と言ってはいるが、どうやら、ポル・ポトにとって、フランス留学が少なからず人生のターニングポイントとなったのは間違いなさそうである。

カンボジアに帰国すると、ポル・ポトはフランス語の教師として働いた。パリで知り合ったキュー・ポナリーとの結婚も果たし、傍目には普通の幸せを手に入れ、平凡な人生を謳歌しているように見えた。教え子たちにも温和で聡明な先生として評判だったという。

しかし実際は、ポル・ポトは共産主義者として、陰で同志と共に秘密活動を行っていたのだが、そんなことは誰も知る由もなかった。

その後、ポル・ポトは、カンボジアに結成された共産主義的政党「クメール人民革命党」に入党。教員生活の傍ら、党内で着実に発言力をつけていく。

ジャングルに逃亡、膨らむ理想

ポル・ポトが帰国した1953年、カンボジアでは歴史的な出来事が起こる。ノロドム・シアヌークによる抗仏独立運動が実を結び、カンボジアはフランスの植民地から脱し、完全独立を成し遂げたのである。この功績から、シアヌークは「独立の父」と呼ばれた。

国民の絶大な人気を誇ったシアヌークは、政治の実権を完全に独占すべく、「人民社会主義共同体（サンクム）」という政党を結成。憲法上の制約から逃れるため、国王の座を父に譲ったうえでの、立ち上げだった。

結果、サンクムは総選挙で全議席を独占。1960年には初めての国家元首を新設し、シアヌーク自らがその座に就いた。

こうしてシアヌークがカンボジアの全権を掌握していく中、ポル・ポトも共産主義活動を着々と広げていた。

１９６３年、ポル・ポトは自党のＮＯ・１書記に就任。後に「クメール・ルージュ」として知られる、ポル・ポト共産党体制は、このときに築かれたのだった。

一方、国家元首のシアヌークがポル・ポトたちを弾圧し始めたのも同年だ。カンボジアのあちこちで、デモや暴動が起こったため、シアヌークはロン・ノル国防相に左翼の制圧を命じている。

これにより、ポル・ポトは教師を続けるどころか、プノンペンにいることさえ難しくなってしまう。

「63年には私はもうプノンペンに留まっていられなくなった。抵抗ゲリラ闘争に加わらねばならなかった。私は民衆によく知られていたわけではない。だが、ロン・ノルの警察は私の活動を追いかけてきた」

教師という隠れ蓑を捨て、完全に活動家となったポル・ポトはプノンペンを脱出。シアヌークの秘密警察に追われた末、ジャングルに潜入し、同志と共に地下活動を開始することになった。国境の孤立した地域に秘密基地を作り、ひたすらに革命の計画を練ったのである。

ここで語られた数々の内容は、すぐにでも実現可能な話のような錯覚を起こさせた。

何しろ、ジャングルの中では人や土地を管理することもなければ、政治的失敗も存在しない。理想国家を夢見るだけでよいのだ。ポル・ポトはこの間に、統治力に対する自惚れが強くなったのではないかともいわれている。

神輿に乗って運ばれるシアヌーク

潜伏活動中の1965年、ポル・ポトたちはベトナム、続いて中国を訪れている。戦争の真っ最中だったベトナムではあしらわれてしまったが、中国では鄧小平総書記に迎えられ、複数の実力者との繋がりもできるなど、このときの経験は後のポル・ポトに大きな影響を与えた。

文化大革命が始まろうとしていた中国では、毛沢東が農村に重点を置いた社会主義政策を展開しており、知識人など、都市住民の弾圧が繰り広げられていた。

数年後、ポル・ポトはこれとまったく同じことを、数倍の過激さをもって自国で実行する。

ベトナム戦争が生んだポル・ポト政権

地下活動を続けていたポル・ポトが、思わぬ形で政権を掌握したのは、1975年のことである。弱小政党による政権奪取は、ベトナム戦争の混乱に乗じたものだった。事情は若干複雑だが、できるだけ分かりやすくその背景を説明したい。

ベトナム戦争とは、北ベトナムと南ベトナムの紛争だが、共産主義だった北ベトナムの背後にはソビエトや中国が、南ベトナムの背後には資本主義のアメリカがついていた。いわば共産主義と資本主義の代理戦争である。

そんな中、当初カンボジアは中立の立場をとっていたが、戦争が激しくなるにつれ、ベトナムの共産勢力寄りにシフトしていく。かつてポル・ポトら左翼を弾圧したシアヌークだったが、この頃には貿易と銀行の国有化など、社会主義化改革に着手していた。

シアヌークは、北ベトナムと秘密協定を結び、ベトナム共産軍のカンボジア領内駐留・移動を許可。さらにアメリカとの国交を断絶したのである。

むろん怒ったのはアメリカだ。アメリカは、シアヌークを引きずりおろすため、ロン・ノル将軍がクーデターを起こすよう仕向ける。

ロン・ノル将軍はアメリカの支援を受け、シアヌークがソ連を訪問している隙に無血クーデターに成功。こうして、ロン・ノルがシアヌークに取って代わり、カンボジアのトップとなった。

ロン・ノル首相（中央）

ロン・ノル新政権は、アメリカの言うとおりにカンボジア国内のベトナム共産軍を取り締まり始める。しかし戦闘に長けたベトナム共産軍は手強く、カンボジア国内では激しい戦いが繰り広げられた。

一方、政権の座を失ったシアヌークとて、黙って引き下がるわけにはいかない。

選んだ道は、他の勢力と共同戦線を張ることだった。そこには、ポル・ポト率いるクメール・ルージュの名もあった。

7年間にわたり、逃亡しながら勢力拡大を続けていたポル・ポトは、42歳になっていた。

ポル・ポトは、自身がクメール・ルージュのNO・1であることを、対外的には巧妙に隠し通した。シアヌークの呼びかけで民族共同戦線を張った際にも、クメール・ルージュは別の代表者を出し、シアヌークもそれを疑わなかった。あくまでもポル・ポトは影で権力を掌握することにこだわったのである。

この共同戦線によるカンボジア解放軍とベトナム共産軍が、ロン・ノル政権を追い詰めていく。

当初、解放軍は国民の人気が高かったシアヌークの名によって勢力を拡大していったが、中国からの大量の武器援助を受け、軍を組織だったものへと成長させたのはクメール・ルージュだった。

このため、民族戦線のなかでもクメール・ルージュは際立った存在となり、その勢いは、シアヌークがいつの間にかお飾りのトップへとならざるを得なくなるほどだった。

もはや、解放軍とクメール・ルージュとはイコールと言っても過言ではない状況で、ポル・ポトは、影の最高権力者として、誰も見えないところで、強大になった解放軍の指揮をとり続けたのである。

まもなくしてベトナム共産軍はアメリカと和平協約を結び、カンボジアから撤退。仲間を失ってしまったクメール・ルージュだったが、ロン・ノル政権との激しい内戦は続いた。

みるみる弱体化していくロン・ノル政権は、アメリカの空爆を頼りにした。

このときカンボジアに降り注いだ爆弾の量は、第二次世界大戦で日本に落とされた量の3倍にも上り、1万人以上の解放軍が命を落とした。しかも精度は低く、罪のない多くの農村部の人々の命を奪った。一般市民が800人以上も犠牲となった誤爆もあったようだ。

人民に歓迎されるクメール・ルージュ

怒りに震えた国民は、どんどん解放軍側についた。アメリカの空爆は、結果的にクメール・ルージュの勢力をさらに拡大させることになったのである。
そして1975年4月、ついにクメール・ルージュが5年にわたる内戦を制し、ロンメル政権を崩壊させた。
ポル・ポトはこの勝利に胸を張った。
「世界中でわれわれのことを信じている者は一人もいなかった。誰もが、プノンペン攻撃は容易ではない、米帝国主義を攻撃するのは容易ではない、と言った」

新しい政治の始まりに国民は胸を膨らませたことだろう。50万人もの命を奪った内戦はもうコリゴリだったにちがいない。

ところが、人々は、間もなく内戦のほうがましだったと感じることになる。ポル・ポトが持っていた思想はかなり特殊であり、その実現のため、国民は過酷な運命を背負わされたのだ。

カンボジアにおける、本当の地獄はここがスタートだったのである。

内戦以上の地獄

プノンペンの市民たちは、新政権の誕生をひたすらに喜んだ。

正直なところ、クメール・ルージュが何者なのかはよく分からない。ただ、長かった内戦が終わり、ようやく平和が訪れることへの喜びだけは、皆共通して抱いていた。

しかし、眼前に現れたクメール・ルージュを見て、国民の期待は不安へと変わる。

彼らは重武装して押し黙ったまま、侮辱するように市民たちをじろりと眺めた。兵士の顔は子供が多い。ポル・ポトは「大人は誰も信用できない」という信じられない理由で、

12、13歳の子供兵士を徴兵していたのだ。
不穏な空気に包まれる中、クメール・ルージュは、プノンペン市の全市民に都市部から退去するように命令を下した。

猶予は与えられない。即刻強制退去である。

文化大革命に影響を受けた、ポル・ポトの考えはこうだった。

「都会に住んでいる人間は堕落している。農村で働く者こそ本当の人間の姿だ」

実際のところは、都市部にいたのはむしろ地方からきた貧困な難民ばかりであったのだが、ポル・ポトは「都会にこそ、革命の敵が集まっている」と頭から決めつけた。

そして、全国民を農民や労働者として国の生産に従事させるという、農村重視型の社会主義政策をいち早く実現するために、いきなり都市部を空っぽにしてしまったのだった。

こうして、プノンペン市民200万人は都市から追い出され、農村部にばらばらに強制的に移住させられることとなる。離れ離れにされた家族もたくさんあった。

移動方法は徒歩。カンボジアで最も暑い4月の太陽は、体力のない老人や幼児を息絶えさせた。

また、病人や妊婦も例外なく移動を余儀なくされ、点滴をしたまま移動する者や、道中で出産する者もいた。

この大移動は、まさに地獄絵図だったのだ。

プノンペンの神父はその光景をこう語っている。

「ちょん切られた虫のようにもがきながら進んでいく両手両足のない人、10歳の娘をシーツにくるみ、吊り包み帯のように首から吊るして泣きながら歩いていく父親、足にやっと皮1枚でつながっている足首がぶらぶらしたまま連れていかれる男。私はこうした人たちを忘れることはあるまい」

プノンペンだけではなく、農村部への移住は国中の都市で行われた。その数は400万人。そのうち、死者は2万1200人に上ったのではないかという推計がある。

これは、圧政などまだ始まっていない準備段階での話だ。

字の読めない子供医師

ポル・ポトは、旧ロン・ノル政権の軍人・役人の粛清も忘れていなかった。

彼らは自ら名乗り出るように命じられ、集まった100人以上をトラックで連行すると片っ端から射殺。殺さなかった旧役人や旧軍人に関しても、1年以上の獄中生活を与えた。またクメール・ルージュに楯突いた者、口論を起こした者は、その場で射殺された。標的となったのは、これら軍人、役人だけではない。

旧体制のときに活躍した踊り子や歌手も殺された。ある歌手などは、「知っている曲を全部歌ってみろ」と命令され、「歌い死に」してしまったという伝説まで残っている。真相は明らかではないが、それほど苛烈な粛清だったのだろう。

さらに、国民が最も困ったのは、革命以前の医師や薬剤師もみな逮捕、あるいは殺害されてしまったことだ。近代医学を身につけた彼らもまた、革命の抵抗勢力とみなされたのである。

その結果、国民の医療に従事したのは、なんと「子供医師」「子供看護師」「子供薬剤師」であった。

医師に必要な教育はわずか3～6ヶ月とされ、15歳以下で教育もほとんど受けていない医師も少なくなく、挙げ句の果てには、字の読めない者までいたという。これはもはや、医療ではなく人体実験である。

ポル・ポトは大量の人間を虐殺したが、病死した国民も非常に多かった。彼らもまた、ポル・ポトによる犠牲者に他ならないのだ。

原始共産主義国家

ポル・ポトは1年余りの準備期間を経て、1976年に「民主カンプチア」を創設。首相の座に就いた。

首相に就任すると、自らの理想の社会を実現すべく、次々と政策を打ち出す。目指したのは、共産主義の中でも「原始共産主義」と呼ばれる、極端な社会主義国家であった。それは、「あらゆる生産手段を共有し、生産物を社会全体で平等に分け与える」という完全な自給自足の社会である。

ポル・ポトは通貨、市場、私有財産をすべて撤廃してしまった。国民たちの休日はなくなり、音楽や映画などの娯楽、さらには宗教や恋愛までもが禁止された。いったい何をして暮らせというのか。

ポル・ポトが国民に望んだことはただひとつ。ただただ食糧生産のために働くことだ。ポル・ポトの計画は「集団で農工業を行い、海外に農作物を輸出して外貨を得、そしてその資金を農業生産、軽工業、さらには重工業に投入し、国全体を社会主義国家にする」というものだった。

恐るべきことに、ポル・ポトはこれをわずか4年で実現させようとしていた。

あまりにも早急な計画には当然のように無理があったが、そもそも計画内容からして破綻している。

まず、計画の基礎となったデータは1960年代のもので、その後の人口の増減や環境の変化は全く加味されていない。

集団労働の様子

さらに、国の平均収量を一挙に3倍にするというスローガンを掲げていたが、何か具体的なプランがあるのかと思えば、「軍事的情熱を経済面に移行する」という、ほとんど根性論のような案しかなく、むしろ平均収量を引き下げようとしていた。

農村部に移住させられた都市部の人々は、農工業に従事させられた。

その他、ダムや運河の建設などの苦役を強制され、何万もの人が栄養失調、病気、過労、時には処刑によって命を奪われた。

まるで古代中国の圧政下のようだが、これはすべて70年代に起きた出来事だ。日本でキャンディーズの明るい歌が流れていた頃、カンボジアの空の下はとんでもないことになっていたのである。

政権をとった今、ポル・ポトは地下活動時代に練りに練った机上の理論が、簡単に実現すると信じて疑わなかった。この計画で2670万トンの米を生産できる。そんな楽観的な観測を抱いていたのである。

しかし、1976年から1977年にかけての米の生産量は予定を大きく下回った。実現性の薄い計画なのだから、当然だといえよう。

にもかかわらず、米は予定通りに中国などに輸送され、何千人もの労働者が餓死した。農村に重点をおいた政策といいながら、農民の命は全く考慮されなかったのである。

家族で食事をとるのも禁止

ポル・ポトは自身の政権について、こう語ったことがある。

「2000年以上に及ぶ歴史の中で本当に初めて、底辺の人民が国家権力を手中にした」

だが、それは真実とまるで違う。

底辺どころか、ポル・ポトは裕福な農家に生まれている。NO・2を務めたヌオン・チェアにしても同じようなもので、脇を固める閣僚も皆、家柄の良い者ばかりであった。

農業生産に重点を置く国づくりを目指しながら、ポル・ポトや閣僚たちは、自らの手で米を作ったことすらなかったのである。だからこそ、非現実的な目標を平気で打ち立てることができたのだろう。

タチの悪いことに、ポル・ポトが計画の失敗によって打ちのめされることはなかった。というのも、弾圧されぬよう、ポル・ポトはもとより上層部の耳に入れるのは、捏造されたグッドニュースばかりだったからだ。

そんなおめでたいポル・ポトが何より恐れたのは、国が資本主義化することだった。経済活動を統制せず、わずかな期間でも放置すれば資本主義社会になると考えたポル・ポトは、とにかく計画を急がせた。４カ年計画の前文では、こう述べている。

「われわれは速やかに国を建設し、速やかに社会主義を建設するつもりだ」

信じがたいことに、ポル・ポトは食事を家族でとることも「資本主義の枠組みに含まれる」として禁止した。家族の団欒の場は奪われ、食事は大きな食堂で皆一斉にとらせることを強制した。同じく社会主義国だったソ連や中国でも、さすがにこのようなことは行っていない。

カンボジアの家族はズタズタにされ、親が子供を叱ることさえも、指導部の権利を侵す行為とみなした。あまりにも馬鹿げた話だが、ポル・ポトはすべてを集団化することで、社会に幸福がもたらされるという考えに取り憑かれていたのだ。

ポル・ポトは、インドネシア半島の大半を勢力下に置いたアンコール期の時代こそがカンボジアの絶頂期だったと考えていた。そして、自らの手でその黄金期が再びもたらされると、ひとり夢見ていたのである。

大量殺人施設〝S21〟

当時のカンボジアには、ポル・ポトを語るうえでどうしても外せない、殺戮の聖地ともいえる場所があった。

通称「S21」。ツールスレンの政治犯収容所である。

この収容所には、ポル・ポトが敵とみなすありとあらゆる人間がぶちこまれた。

1976年5月から1979年1月の間で、その数は延べ1万4000人にも上った。

近隣の労働者はS21をこう称している。

「人々が入っていって二度と出てこない場所」

年代によって変化はあるが、S21では、おもに3人編成の10チームによって尋問が行われた。主任、副主任（記録係）、そして拷問係と思われる3人組だ。

断わっておくが、ここに連れてこられる人々は、ほとんどが何もしていない者ばかりである。しかし尋問員は供述書を書くように迫り、罪を認めるまで、つまり自ら罪をでっちあげるまで、拷問を繰り返す。そして事実とは異なる裏切り行為や陰謀を自白させられるのである。

この尋問は、怪しい者が有罪かどうかを判断するために行われているわけではない。連れてこられた時点で有罪は確定しており、後は捕まった理由を、捕まえられた人自身が考えるシステムだった。

尋問中の拷問はあまりに過酷だった。縄で逆さ吊りにして、頭を水の溜まったドラム缶に突っ込む。仰向けで手足を縛り付けてサソリを放つ。幼児を空中に放り投げて射殺……。S21の存在が明るみに出た際、施設からは血なまぐさい拷問の道具が山ほど発見されている。

尋問を受ける前に病気で死ぬ者も多かった。死因は様々だが、収容所内では、小さな病気もすぐに死に繋がった。何しろ環境が悪すぎる。

食事は、朝と夜に水ばかりの米粥と、ヒルガオかバナナの葉っぱが少量。これで体がもつはずがない。多くの囚人たちはやせ細り、歩くことはおろか座ることさえもできないほど筋力が低下し、同時に体の抵抗力も失っていった。

しかも、常時何千人もいた囚人に対して、医者は3人しかいなかった。その医師にもろくな技術はないのだから、まともな治療など期待できようもない。

ポル・ポトが無理に罪を仕立て上げてまで粛清を行ったのは、自らの理念に則ったものだった。

カンボジア共産党のモットーは、「一つの手は生産のため、もう一方の手は敵をやっつけるため」である。ポル・ポトを筆頭に、指導者たちは毛沢東の「永続革命論」に賛同していた。これは、革命の敵は絶えず生み出されるという考え方だった。

常に敵の粛清をし、共産党の純度を高めることこそが理想の国家への道だ。ポル・ポトはそれを信じて疑わなかった。しかしながら、無理矢理に敵をこさえる必要もなかろうと思うのだが、ポル・ポトは、そうは考えなかったようだ。

さらに、不信感の強いポル・ポトは、党内の人間さえも信用できず、農作物の生産量が足りないのも、党内に「資本主義者」がいるからに他ならないと考えた。

ポル・ポトの言葉の端々から、周囲への警戒心を窺い知ることができる。

「われわれは、どこが病気なのか、正確に突き止められずにいる。病気は、所在を明らかにして検診しなければならない」

「まだ裏切り者の秘密分子が党内にもぐっているか、それともいなくなったのか。過去

ツールスレンの政治犯収容所（S21）跡

十年に及ぶわれわれの観察によれば、彼らが決していなくなっていないのは明らかである」

敵と疑われた幹部は、もちろんS21へ連行されて尋問と拷問を受け続けた。中には、ギリギリまで否定し続ける骨のある者もいたが、最終的には疲れ果て、「友人達とCIAネットワークを作っている」などと陰謀をでっちあげざるを得なかった。こうして芋づる式に新たな犠牲者が出るのである。仲間から仲間へ。粛清の輪はどんどん広がっていく。

S21では、いわゆるインテリから一般市民まで、ポル・ポトの思うままに虐殺が行われた。

青年が殺された。母親が殺された。子供が殺された。赤ん坊でも関係なかった。

この恐怖の施設の存在は、むろんひた隠しにされていた。知っていたのは収容所に勤める者と、クメール・ルージュの高級幹部のみ。物的証拠の

隠滅も徹底しており、配布書類も制限され、不要な書類はすぐに焼却された。囚人

さらに尋問係や文書係、料理人などが、横のつながりを持つことも禁止された。囚人に恐れられた職員の面々でさえ、ガチガチの規定を絶対守らねばならず、過酷な労働に苦しんでいたのである。

そして、何よりの証拠隠滅として、囚人はほぼ全員殺された。

収容された1万4000人のほとんどが無実だったといわれているが、助かったのは7人。その生存確率は、わずかに0・05パーセントであった。

ポル・ポト政権崩壊後、S21はベトナムと新政権によって発見された。現在では、「大量虐殺犯罪博物館」と称され、一般公開されている。

そこには約4300人分の供述書が残されており、当局が気に入るまで書き直させられたそれらは、1ページのものもあれば、数百ページにわたるものもある。ただその中身が短かろうが長かろうが、供述書を書き終えた人々には、共通するひとつの未来があった。それは「死」である。

地獄の終焉

ポル・ポトによる無茶な政策、そして度重なる粛清により、当然ながら国はガタガタになった。そしてついに、ポル・ポト政権打倒を目的とする「カンボジア救国民族統一戦線」が結成されるに至ったのである。

１９７９年、ベトナム軍15万人の大攻撃を受けると、子供の兵士が多いポル・ポト軍は太刀打ちできず、首都プノンペンはあっという間に陥落した。しかし攻撃側は、元々首都まで奪う予定ではなかったというから、あまりにももろかったのだろう。

ベトナム軍がプノンペンを占領した際、ポル・ポトの手で壊滅させられたこの街には、工業も、役所などの施設もフェンスで囲まれ、もはやゴーストタウンと化していた。その場にいたカンボジア人は、諸手を挙げてベトナム軍の侵攻を喜んだという。ベトナム軍が死臭をかぎつけ、S21を発見したのは、到着してしばらく経ったときだった。

こうしてポル・ポトは政権の座を追われ、ようやくカンボジアの悪夢は終わった。虐殺、栄養失調、過労、病気……ポル・ポトが政権を握ってから、実に１５０万ものカンボジアの国民が命を落としたといわれている。

当時のカンボジアの総人口が８００万足らずであることを考えると、実に5人にひとりの国民が、この非情な政権の下で、葬り去られた計算になる。

しかし、今なお正確な死者数は明らかになっていない。

この前代未聞の大量虐殺は、わずか4年間で達成された。奇しくも、ポル・ポトが理想の国家を作るために必要だと掲げた期間と一致する。

S21の生き残りのひとりであるカンボジア政府軍の元将軍は、ポル・ポトの行いと、ファシズムとを比較してこう証言している。

「それはファシズム以上だった。ファシズムではドイツ人は自分の民族を殺さなかった。フランス人とかポーランド人など外国人だけを殺したわけです。ポル・ポトは自国民を300万人も殺した。ファシストはそんなことはしませんでした」

ポル・ポトは政権を失ってからも政治活動を続けたが、1998年にジャングルで死去。68歳だった。死因は「心臓発作」とされたが、死の翌日には古タイヤとともに火葬されてしまったため、本当の死因は分かっていない。

戦後最大級の虐殺行為をしたポル・ポトは、女性をはべらせる色魔でもなければ、人がもがき苦しむ姿を見て興奮するサディスティックな独裁者でもなかった。

ただひたすら理想国家を作ろうとした、狂った共産主義者だったのである。

【狡猾な色魔】

煬帝

Yang-ti（569 - 618）

中国皇帝の煬帝《ようだい》は、ローマ皇帝のネロと同じく、暴君の代表格としてその名を残している。

本書では、他に中国の暴君として始皇帝を取り上げたが、始皇帝は業績の大きさから名君とする評価もある。だが、煬帝はそうではない。暴君といえば煬帝、煬帝といえば暴君といえるほど、ひたすらに悪名高い。

いかに評判が悪かったかは、その名を見ただけでも分かる。「煬帝」とは諡号《しごう》(死後に後世の人々から与えられた名)であり、唐王朝によって付けられたものだ。

煬帝の実際の名は楊広《ようこう》といい、「楊帝」と名乗っていたが、生前の所業から「天に逆らい民をしいたぐ」という意味で「煬」の字が当てられたのである。

現在に至るまで忌み嫌われ続けている民衆の敵、煬帝はどんな皇帝だったのであろうか。

要領がよく、ずる賢い性格だった

煬帝の父である文帝は実直な名君であり、倹約家だった。150年間続いた南北朝時代に終止符を打ち、中国全土を統一して、隋の初代皇帝として国の体制を整備するとい

煬帝の父・文帝

う偉業を成し遂げている。

そんな立派な父のもと、楊広は569年に次男として生まれた。

後に暴君になる楊広のことだ。さぞ幼少時代から乱暴者でわがままだったのかと思いきや、意外にも極めて優等生だった。父と同じく倹約家で、女性にも目もくれない。まさに後継者にふさわしい振る舞いで、周囲からの人望も厚かった。

しかし、実はそれらはすべて演出であった。楊広は次男である自分の立場を考えて、皇帝になるためにはどうすればよいかを日々考えつつ、自己プロデュースしていたのである。

幸いにも、兄である勇は両親にあまり好かれていなかった。勇は欲望に任せて贅沢をする性格であり、女遊びも激しかったため、倹約家の父と真面目な母は、長男の行動に眉をひそめがちだったのである。

そんな兄の姿を見て、楊広は自分にもチャンスはあると敏感に察知していた。両親に取り入るために、兄とは正反対の性格を演じ続けた。

贅沢はせず、正妻以外の女性は近付けない姿をアピールし、両親が自分の邸宅に来るというときなどは、普段以上の工夫を凝らす。

家にいる若い美人はすべて別の部屋に閉じ込めてしまい、あえて老婦に粗末な服を着せたうえで、給仕をやらせた。部屋の中の贅沢品もすべて隠してしまい、準備万端で両親を迎えた。

何も知らずにやって来た両親は、楊広の部屋を見て驚く。

敷物やカーテンは単色の地味な物で、部屋にある楽器の弦は切れていたり、もしくは使っていないためか、埃がたまっていたりした。

「楊広は宴会にも舞踏会にも興味のない真面目な息子なのだなあ」

両親はその質素ぶりに感激し、宮中に帰ってからもそれを周囲に自慢したという。

これだけでも十分ずる賢いが、楊広は両親以外の評判を高めることも怠らなかった。

両親から使者が来れば、散々ご馳走してたくさんのお土産を与えた。使者が両親のもとに戻ると、盛んに楊広を誉め讃えたことは言うまでもない。

また、狩猟を見学に行ったときのことだ。突然の大雨で、周囲の者は煬帝に雨よけの油衣《ゆい》を勧めたが、楊広はこう言って固辞した。

「士卒がみな雨に濡れているのに、自分だけが油衣を着るわけにはゆかぬ」

この名台詞である。むろん計算ずくの芝居だが、皇帝の息子とは思えぬ謙虚さに、皆が心を打たれた。

こうした努力の甲斐があり、両親は楊広を跡継ぎに据えたくてたまらなくなるが、いくら放蕩息子とはいえ、長男の手前もあり実現はなかなか難しい。

楊広はそんな両親の迷いを分かったうえで、たたみかけるように揺さぶりをかける。

楊広が南方の駐屯部隊の司令官に任命された際、出発する前に母に会いに行き、涙ながらに語った。

「私は平素より兄弟の道を守っておりますのに、兄の太子勇は自分に好意を示してくれず、あまつさえ毒殺の危険にいつもびくびくしています」

またあるときは、元老の楊素《ようそ》が皇后にささやいた。

「広さまは孝悌にして恭倹、おそれ多くも陛下とそっくりでございます」

皇后もそれに頷いてこう答えた。

「そなたのいう通りですよ。広は孝行者だし、嫁の気質もいい。それなのに、勇のやつときたらつまらぬ女や小人をいつも近づけ、弟を可愛がらない。私はいつか広が勇に殺されはすまいか、それればかりが心配です」

実はこれも楊広が裏で手を回して元老に言わせたものだ。

さらに、楊広は側近に常に兄の行動を探らせており、収集された悪事のいくつかは父のもとに届き、勇はますます嫌われた。

そんな楊広の用意周到な工作がついに実る。あるとき勇はクーデターの計画をでっちあげられ、東宮に幽閉される。そして、とうとう皇太子の座から引き摺り下ろされてしまったのである。

こうして、楊広は見事に兄を失脚させることに成功し、皇太子の座に就いたのだった。兄がいくら弁解しようとしても、楊広が妨害を重ねて父に会わせなかった。あげくのてには狂人扱いして封じ込めた。あとは父さえいなくなれば、皇帝の座は自分のものになる……。楊広が密かにほくそ笑んでいたことを、このときはまだ誰も知る由はなかった。

それにしても、荒くれ者が多い暴君の中で、周囲にこれほど猫をかぶり続けた人物は他に類を見ないのではなかろうか。辛抱強く狡猾な、恐るべき知能犯だといえよう。

最後の邪魔者が死ぬ

父の文帝が病に倒れたのは、楊広が皇太子となって4年後のことだ。

すでに60代と高齢だったこともあるが、皇后がその2年前に他界したのも文帝の死を早めたとされている。といっても、最愛の妻の死に生きる気力を無くした、という意味とは少し違う。

妻・独孤《どっこ》皇后は、真面目だったのと同時に、かなり嫉妬深い性格でもあった。そんな彼女がいなくなったことで、文帝は今まで堪えていた後宮の女たちとの戯れに精を出した。それがあまりに度が過ぎていたため、老体に響いたといわれている。

病に臥したそのときも、傍には寵姫の宣華《せんか》夫人がいた。

いよいよその病が重くなってきたときのことだ。宣華夫人が着替えのために席を外すと、信じられないことが起きた。なんと、楊広が宣華に関係を迫ってきたのである。宣華はなんとか振り切って事なきを得たが、父が余命いくばくかというときに、その妾に手を出すとはあまりにも不謹慎である。

着替えから戻った宣華が泣いているので、文帝が事情を聞くと、「太子無礼なり」という言葉が返ってきた。

ようやく楊広の本性を察した文帝は激怒して叫んだ。

「わが児を呼べ。勇だ」

幽閉した元皇太子・勇を呼びよせようとしたが、時すでに遅しである。楊広の息のかかった重臣たちがそれを阻み、文帝の近侍や宮女をすべて病室から追い出してしまった。

こうして、文帝は失意の中で命を落とすこととなる。

自然死ではなく、楊広が命じて父を殺害させたという説もある。ただいずれにせよ、文帝にとって病床で見た次男の本性は、計り知れないほどの衝撃だったことだけは確かであろう。

文帝が息を引き取った瞬間から、楊広の暴君生活は幕が開いた。手始めに、先ほど口説き損ねた宣華夫人にすぐさま恋文を送り、夜には早くも宣華を抱いた。

父の愛妃を愛人にするのはご法度だったが、楊広は父が死んだ日にそれをやってのけたのである。文帝の霊が枕元に立っていたなら、自身の重大な判断ミスに地団駄を踏んでいたに違いあるまい。

しかしこれは、我慢に我慢を重ねてきた暴君・煬帝の大暴走の序章に過ぎなかった。

処女をもてあそぶ皇帝

こうして楊広は、晴れて二代目皇帝・煬帝となり、即位するとすぐにその本性を露わにした。

先代が名君で倹約家だったため、隋の財政は極めて充実していた。文帝が治世していた24年間で人口は倍増、食料もふんだんにあり、とても安定した国だった。

しかし、煬帝は先代の貯金を見事なまでに散財する。

即位の翌年、煬帝は東京《とうけい》という新しい都を造り、その西に壮観な顕仁宮《けんじんぐう》を置いた。そして西苑《せいえん》という、周囲が約785キロに達する大庭園も手がける。退屈せぬようそこに一大動植物園を置き、珍木珍獣などを集めさせた。いわば煬帝のための個人遊園地である。

この宮殿と庭園は、一度入ると迷って出てこられないほどの広さだったため、「仙人をこの中に遊ばせても、迷ってしまう。目のあたりにできる『迷楼』だ」と、煬帝は大いに喜んだ。

煬帝はご機嫌だったが、民衆にとってこの土木工事はとんでもない負担であった。当時の隋の人口は4千数百万だったが、毎月200万人が駆り出された。

東京から遠くはなれた江南から、大木を運ぶという重労働を課され、その過酷さから、作業に携わった人々の半数が死亡したという。食料もあり平和な国とは思えない有様だ。

父の死の直前に露呈しかけた、煬帝の女好きも爆発した。人民に建てさせた巨大な宮殿に、良家の娘を連れ込んでは愛欲にふけり、数ヶ月を過ぎても女を返さなかった。また、西苑には川に沿って16院が造営されており、それぞれの部屋で美人が煬帝を待ち受けていた。名月の夜には数千人の官女を従えて、庭園を騎馬で巡遊することもあった。

そんな煬帝に気に入られるべく、ある臣下がとんでもないものを贈った。

それは人間がひとりしか乗れない小さい車で、中には、乗客の手足を全く動かせないようにする仕掛けが設けられていた。あろうことか、煬帝はその車に処女を乗せて弄んだという。一国の主とは到底思えぬ破廉恥ぶりだといえよう。

煬帝はこれがよほど嬉しかったらしく、贈り主に褒美を与え、車を「御童女車《ぎょどうにょしゃ》」と名付けた。車の使用法を知ったうえで見ると、身震いがするような字面である。

煬帝が身の回りに置いた女性は、3人の夫人をはじめ、合計で120人以上を数えた。「英雄色を好む」とは言うが、暴君もそうなのだろうか。いずれにせよ、とんだ色魔皇帝である。

大運河を建設して乱痴気騒ぎ

煬帝は女性に溺れる一方、民衆に対しては宮殿や庭園の建設以外にも、次々と苦役を負わせた。

中でも、最も有名なものが大運河の建築である。

煬帝は、文帝の時代に部分的に開通していた運河をさらに発展させようとした。華北と江南を連結させ、南北を縦断する大運河に着手したのである。准水と黄河を結ぶ通済《つうさい》渠《きょう》と黄河と涿《たく》郡を結ぶ永済渠《えいさいきょう》、さらに揚子江と余杭を結ぶ江南河《こうなんが》を造り上げ、その距離はなんと1500キロにも及んだ。

言うまでもなく工事は過酷であり、通済渠・永済渠では、100万人以上、江南河では10数万の人々が駆り出され、通済渠では人夫の3分の2が飢餓や疫病などで命を落とした。絶えず食糧が不足がちの環境で、上官の人使いだけは荒かったというから無理もないだろう。

ただ、土木事業をすること自体はむろん悪行ではない。

前述した通りこの大運河の建設は、父・文帝の時代から行われていた事業だ。しかし、当時はようやく戦乱が終わったばかりの頃だったため、文帝は人々の休息を最優先し、急激な工事は避けていた。

だが隋が南北を統一した以上、南北を結ぶ交通路を敷くことは、誰かがやらなければならない重要なインフラ事業だったのも確かである。

事実、大運河建設によって、江南への支配力は強まり、江南から豊かな物資を北に運ぶのにも役立った。さらに、後年行われる高句麗遠征のための軍事目的も備えていた。

問題は、工事があまりにも性急すぎたことだ。莫大な人数の徴用と過酷な労働内容に加え、なんと煬帝は男性のみならず女性まで駆り出したのである。

これは歴史上かつてない暴政であり、民衆からの不満は高まった。

最も不評を買ったのは、煬帝が大運河を使って豪華絢爛な行幸を行ったことであろう。通済渠が完成したとき、煬帝は4階建ての龍舟《りゅうしゅう》に乗って、江都に行幸した。龍舟は高さ約13メートル、長さ約60メートルにも及び、2階には120室の部屋、さらに正殿、内殿・東西朝堂があった。すでに舟とは思えない豪華さだが、とどめといわんばかりに、内部は金銀で飾られていた。

しかも、同じく絢爛な皇后の舟がまた別にあり、さらには煬帝の妾の舟、部下たちの舟が数千隻用意され、煬帝の舟の後についた。驚くべきことに、舟列の長さは90キロに及んだ。

さぞかし華美だったことだろうが、見物人たちは見入るどころか内心穏やかでない。というのも、沿岸の民衆たちは食物を献上することを強制されており、次々と名産品を差し出さねばならなかったのだ。

煬帝は行く先々で山海の珍味に舌鼓を打ったが、献上された食べ物は1州あたり車100台にも相当したため、ほとんど食べ切れなかった。飢餓でやせ細った人民たちの前で、大量の食糧が捨てられていった。

長い目で見れば、大運河建設が国に利益をもたらしたのは事実である。しかしこの行幸に関していえば、煬帝の蛮行はもとより、沿路では不正役人たちから食料や金をむしり取られ、庶民にとっては何ひとつ歓迎できるものではなかった。

煬帝がきらびやかな宮女をはべらすのを見るたび、「多くの死人まで出して完成させた運河は、煬帝の娯楽のためだったのか」と、怒りに震えて君主を恨んだが、当の煬帝はご機嫌そのものだった。

この大仰な行幸は3回も行われ、毎回8万人あまりの舟漕ぎ人夫、20万人の警備隊が必要となった。

この他、煬帝の時代には、国道の建設や長城の修築など、運河以外にも各地で大規模な工事が行われ、煬帝はそこでも大げさな大行進を敢行し、その権勢を見せつけたのだった。

皇帝の見栄のために俺たちはいるんじゃない！　そんな声にならぬ叫びがあちこちで上がっていたが、そんな庶民の憤りに、君主・煬帝が気付くはずもなかった。

現実逃避の末に

煬帝は内政で大いに権力を誇ると、次は諸外国の君主を入朝させて、自分の尊厳を見せつけたがった。

日本からも、推古天皇自身が隋に入朝することはなかったが、聖徳太子が小野妹子を派遣している。

このとき暴君・煬帝に失礼な国書を送って、激怒させたのは有名なエピソードである。

「日出ずる処の天子、書を日没する処の天子に致す。恙《つつが》なきや」

日没する国とはなんと無礼な、と臣下から手紙の内容を聞かされた煬帝は激怒してこう言った。

「これからも蛮夷の書で、このような無礼な書き方をするものがあれば、奏聞するには及ばぬぞ」

そうは言うものの、隋としても日本の事情を知りたかったため、裴世清《はいせいさい》を日本へ派遣。聖徳太子が面会を果たして事なきを得ている。

日本以外にも、多くの小国、小部族の代表が隋のご機嫌伺いに入朝したが、頑として入朝しなかったのが高句麗王である。

メンツを潰された煬帝は、612年、高句麗へ軍を遠征させることを決意した。

ところが、それが隋の失墜を招いてしまう。三度にわたる高句麗遠征はすべて失敗。大軍を引き連れた外征は国庫に大きな損失をもたらした。

これを機に、これまでたまりにたまっていた煬帝への不満が大爆発していく。第一次高句麗遠征が失敗に終わった頃から民衆だけでなく、豪族や知識階級、さらに宗教結社までもが立ち上がり、各地で反乱が起こった。

だが、これでおとなしくなるような相手ではない。煬帝はひるむどころか、彼らに厳罰で挑むことで対応した。

「天下に勅して、窃盗以上、罪に軽重なく、間奏を持たず、みな斬す」

「盗をなす者はその家族・財産を官に没収す」

煬帝は一族全体を処罰したり、さらし首、磔《はりつけ》など、残酷な処刑も厭わなかった。

楊玄感《ようげんかん》も高句麗遠征中に反乱を起こし、失敗して自害したひとりだ。楊玄感とは、かつて煬帝を皇帝にするために兄の追い落としに協力した重臣・楊素の息子である。

煬帝にとっては大恩人の息子だが、その亡骸は手厚く葬られるどころか、見世物になった。楊玄感の死体は磔の状態で3日間も市場に放置され、さらに切り刻まれて、無残に焼き捨てられたのである。

それだけではない。煬帝は楊玄感の側近まで残忍な方法で処刑した。杭に側近の体を打ち付け、大官たちが次々と矢を放つ。無数の矢が突き刺さった体を刀でぶった斬り、最後は車裂きの刑に処した。両足を二台の車に別々に括り付けて体を裂くという残忍な処刑である。

加えてこのときは、法律にない、おぞましい罰が加えられた。

それは、大官たちに死肉を食べさせるというものだった。

裂かれた死体は焼かれ、大官たちはその死肉を食べさせられた。中には煬帝に気に入られようと、腹一杯になるまで食べる者もいたというから想像を絶する光景である。

なんとももむごい話だが、実は、煬帝は以前からこのような残忍な処刑をしていたわけではない。むしろ刑罰に関しては、父の文帝の頃よりも軽いものにしていたほどだ。

それがこの有様である。よほど追い詰められていたのだろう。この頃の煬帝は、まさに風前の灯であったといえる。

次第に隋は収拾がつかないほどの内乱状態となり、煬帝はノイローゼに陥る。こんなとき君主はどうするべきだろうか。武力で制圧するか、はたまた懐柔策にでるか。

ところが、大ピンチの煬帝はどちらの手段も選ばず、信じられないカードを切った。

それは「現実逃避」である。

煬帝が完成させた大運河。絵画は宋の時代に描かれたもの

周囲が止める中、なんと煬帝は自慢の舟「龍舟」で江都まで逃亡。船内に100以上の部屋を造り、それぞれに美女を住まわせ、順番に訪ね歩いては宴会を催し淫靡にふけった。ヤケクソの状態である。

余談だが、煬帝の暴君性を否定する研究者でさえ、このときの煬帝の判断ばかりは弁解の余地がないとしている。そして、その間に煬帝への反乱はますます広がり、いくつかの決起集団は団結し始めた。

さすがの煬帝も心配になったのか、自分の首をさすりながら、美女にこんなことを呟いていたという。

「この首、一体誰が斬り落とすのかのう」

そんな暴君に刀を振り下ろしたのは、隆起した反乱勢力ではなく、自分の身を守ってくれるはずの護衛兵であった。

護衛兵たちは妻子を家に置いてきていたが、煬帝はすでに帰る意思を失い、美女に溺れ続けるつもりでいる。1年の年月が過ぎると、いくら君主とはいえ、彼らも我慢の限界だった。

突然護衛兵に部屋に踏み込まれ、煬帝は刀を突きつけられた。

これに対し、煬帝は強い口調でこう言った。

「一体今日の首謀者は誰か。会って話がしたいのだ」

すかさず護衛兵の代表が切り返す。

「天下の人間残らずが首謀者でしょう。誰といってひとりの名をあげるわけにはいきません」

まずは最愛の12歳の末子が眼前で切り殺され、煬帝の衣服は真紅に染まった。そして自分が斬られそうになると、煬帝は最後の意地を見せる。

「天子には天子の死に方というものがある。毒酒をもってこい」

しかし、係の者がすでに逃亡してしまったため、毒酒の場所が分からない。

最終的に、煬帝は自分の襟巻きを護衛兵に手渡し絞殺させた。

こうして愛欲の暴君は50歳でこの世を去ったのだった。

詩人としての煬帝

さて、ここまで煬帝の足跡を辿ってきたが、記述の多くは『隋書』の資料に基づいている。『隋書』とは『史記』や『漢書』と同じく、中国の王朝が定めた24書の正史「二十四史」の一つで、隋代を扱った歴史書である。この書物は全85巻に及ぶが、編纂の経緯について少し触れておきたい。

『隋書』は、隋の次代の王朝である、唐の皇帝・李世民が命じて魏徴《ぎちょう》らが編纂した。

この李世民であるが、とにかく煬帝を嫌っており、「決してああはなるまい」と反面教師にしていた。

そんな皇帝の部下が作る書物である。

『随書』において、煬帝がことさら悪辣に描かれている可能性はないとはいえず、煬帝が未だに悪名高いのは、そうした編纂状況の割りを食ったからだともいわれている。

とはいえ、中国の史書編纂の伝統から見て、あまりにも歪んだ編纂がされているとは考えにくい。また、時代の強者が歴史書の内容に影響を及ぼすのは何も『隋書』に限ったことではないであろう。

そんな中、大のアンチ煬帝である李世民をして、煬帝を感嘆せしめたものがある。

それは煬帝が残した「詩」だった。

煬帝には隋代を代表する文人・詩人としての顔もあり、各地を巡幸した際などしばしば詩作を行った。「春江花月の夜」は煬帝による名作のうちの一つだ。

暮江平不動（暮江は平にして動かず）
春花満正開（春花は満ちて正し開く）
流夜将月去（流夜は月のひかりを将《も》ちて去り）
潮水帯星來（潮水は星のひかりを帯《ともな》いて来る）

（訳）夕暮れの江水は平らで流れない。春の花は満ちて、今まさに盛りのように咲いている。川にきらめく月の光を、流れる波が持ち去っては、潮が星の光と共に満ちて来る。

暴君のイメージとはかけ離れた、情景が今にも目に浮かんできそうな美しい詩である。煬帝が私欲に走らず、もっと詩歌作りに没頭していれば、後世の評価もおのずと変わっていたのかもしれない。

【赤いツァーリ】ヨシフ・スターリン

Иосиф Сталин　(1879 - 1953)

20世紀初頭、ロシア情勢は不安定だった。

1904年から始まった日露戦争で疲弊した国民が抗議のデモ行進をし、政府が武力で制圧するという「血の日曜日事件」が起こった。

続いて、第一次世界大戦が勃発すると、1917年にはロシア革命が起き、各地で暴動やストライキが拡大した。混乱の中ニコライ2世は退位し、栄華に輝いたロマノフ王朝は300年間の歴史に幕を下ろした。

代わって、ボリシェヴィキが新政権を樹立し、史上初の共産主義政権が誕生した。ボリシェヴィキ政権のカリスマ的指導者レーニンの死後、後継者となったのが、独裁ヨシフ・スターリンである。

2000万人もの人々を粛清したといわれているスターリン、本名ヨシフ・ヴィサリオノヴィチ・ジュガシヴィリとは、いったい、どんな生い立ちだったのだろうか。

貧困だった少年時代

スターリンは1879年、グルジアの貧しい靴直し職人の息子として産まれる。三男だったが、ふたりの兄は誕生してわずか数ヶ月で夭折していた。

母は今度の子供こそ、と大事に育てたが、スターリンも虚弱児で病気ばかりしていた。スターリンの左足の二つの指はくっついており、右腕に比べて左腕が短かった。

父は酒飲みで、家に帰ってこないこともたびたびだった。大酒を飲んでは妻に暴力をふるうような彼は、やがて家を出て行き、二度と戻ってくることはなかった。

極貧の中、母は家政婦として働き、スターリンを必死に育てた。スターリンが10歳のときには、わが子を神父にするべく、初等神学校の入学試験も受けさせた。

スターリンは母の期待に応え、優秀な成績で入学試験に合格。クラスで1番の優等生として奨学金を受けることもできた。

スターリンの好成績を支えたのは、抜群の記憶力だった。その能力は独裁者になってからもいかんなく発揮され、部下たちの経歴、成功、ミスなど、スターリンは党や軍の内部のあらゆることを覚えていたという。

初等神学校を首席で卒業したスターリンは、チフリスの中等神学校へ寄宿生として入学した。寄宿舎での生活は非常に厳格なもので、スターリンは昼も夜も暗い建物のなかに閉じ込められた。

まるで監獄のようだったが、スターリンはこの頃から学校で禁止されている本を盗み読むことに没頭していく。マルクスの『資本論』などにかぶれ、革命に関する文献をあさっては、学校に見つかって罰を受けた。片時も本を離さなかったというスターリンは、当時仲間にこんなことを言っている。

「神は存在しない。彼らはおれたちを欺いている」

1898年にグルジア社会民主党に参加すると、スターリンは試験に欠席して退学処分を受けた。母はさぞ失望したことだろうが、革命に目覚めたスターリンはもはや学校に用はなかった。

奇跡のグルジア人

晴れて自由の身となったスターリンは、黒いロシア風のジャンパーに赤いマフラーを常に身にまとった。いかにも革命家の風貌で、ブルジョワを嫌悪していた。スターリンの貧しい境遇を考えると、それも無理からぬことだったのかもしれない。

学校を退学してからは気象台の観測係という職を見つけ、食い扶持を稼ぎながらデモを組織し、まとめ役として指導するなど、革命運動に身を投じた。

スターリンは、目的達成のためなら盗賊集団と連合することも厭わなかった。印刷工場を襲撃し印刷機を強奪したり、銀行の現金輸送車から金を奪うなど、活動はエスカレートしていった。結果、スターリンは警察に追われる身となり、逃亡生活をしながら地下活動を展開することになる。

完全に犯罪者だが、これは私腹を肥やすためではなく、党の活動資金を調達するためだった。スターリンは莫大な金を手に入れても、それをすべてレーニンに送っていた。そのため、スターリンは逃亡生活中に結婚をして子供もできていたが、家庭は貧困にあえいでいた。

レーニン

やがて暴れん坊スターリンの存在は、「奇跡のグルジア人」として党内で知られるようになる。レーニンも若きスターリンの存在には一目を置いていたようで、スターリンは弱冠22歳にして、党の指導者の一員にのし上がった。

この頃のスターリンは、ひとたび政治論争になると、すさまじい闘志を燃やしていたという。友人は、スターリンについてこ

トロツキー

う証言する。

「政治論争の時の彼は恐ろしい形相だった。もしそれが許されたなら、彼は火と剣で相手を根絶やしにしただろう」

反社会的な活動を繰り返したスターリンは、1913年までに8回も逮捕されたが、流刑地から7回の脱走に成功している。スターリンは脱獄の天才でもあったのだ。

スターリンが投獄と脱獄を繰り返していた1922年、ボリシェヴィキ党が第一党となり、ソビエト連邦を建国した。レーニンが第一回人民委員会会議議長に、トロツキーが外務人民委員に、そして、スターリンは民族人民委員に選ばれた。

だが、レーニンは降りかかる暗殺計画や革命の激務で、健康を蝕まれてしまう。2年後には脳梗塞で再起不能の状態に陥り、やがて死去した。

スターリンはこのチャンスで、トロツキーを見事に出し抜き、自らが後継者の椅子に座った。下馬評ではトロツキーが圧倒的に有利だといわれていたが、スターリンは電話盗聴を張り巡らせ、常に党内の情報を掴んでいた。着実に影響力をつけていた成果を最高のタイミングで出したのである。

政敵トロツキーはやがて国外に追放され、国内にある写真や刊行物、名前が次々と削除された。トロツキーの支持者は逮捕され、多くは処刑された。1940年にはトロツキー自身も暗殺されている。

このとき、大方の予想通りトロツキーが後継者となっていれば、ソ連の歴史も大きく変わっていたかもしれない。ともあれ、ソ連の暗黒時代の火蓋は切られた。

餓死し続ける農民たち

スターリンの革命は、農民との戦争から始まった。

1927年、1928年度の穀物調達危機を受けて、スターリンは農民を強制的に集団化させることで、食料を増産させようと考えた。そして穀物を輸出して外貨を稼ぎ、農業国から工業国へと発展することを目標としていた。

第一次五カ年計画が発表されると、1929年末から農民はコルホーズと呼ばれる集団農場に一括してまとめられ、収穫物はすべて国家に徴収された。農機具は共同で用いられ、一切の私有は禁じられた。

当然のことながら、このやり方には大きな反発があり、1930年には反対運動に300万人以上の農民が蜂起し、中でも、クラークと呼ばれた富農層からの反発はすさまじいものであった。これまで築いてきた富をすべて没収されるというのだから、当たり前の話だ。

だが、スターリンは動じることなく、容赦ない暴力でこれを抑えつけた。政治警察を使い、反対運動に積極的な農民たちを片っ端から逮捕したのである。

1930年、1931年の2年間で政治警察が審理した事件では、約39万人が有罪判決を受けて強制収用所にぶちこまれ、そのうち2万1000人が銃殺された。見せしめのため、広場で自らの墓穴を掘らされたうえ、銃殺された農民もいたという。

銃殺を免れた農民たちは遠隔地に追放され、強制労働に従事させられた。

さらに捕まった農民の家族、そして反抗的ではなくても裕福な農民というだけで、同じように追放された。遠隔地に流された人の数は2年間で180万人以上にのぼったという。

追放された農民のほとんどが移送中、もしくは流刑先で命を落とした。流刑先の労働の過酷さについては、後でたっぷりと述べることにしよう。

あまりにも強引な手法だが、スターリンはこう言う。

「我々は、国家の福祉増進という高潔な目的のために、日夜努力せねばならない。国内の工業化を実現するためには、ある種の犠牲も覚悟せねばならず、国民は耐久生活に耐えねばならない」

とはいえ、このようなやり方で農民の勤労意欲がわくはずがない。

1932年には、コルホーズから脱退する農民が急増し、追い詰められた農民が国家の穀物倉庫を襲うことさえあった。

穀物調達は破滅の一途を辿り、日々の配給はわずかパン数十グラムになった。農村から都市部へと食料を求めた農民が殺到し、路上にはパンを求める孤児の群れが溢れ返った。

それでも国は外貨稼ぎのため、穀物の輸出を続けていた。自国の窮状など全く省みなかったのである。

その結果、約1600万人が栄養失調に陥り、あるいは死亡した。

さらに伝染病が蔓延し、1932年から1934年の間に、発疹チフスが150万人以上、腸チフスが70万人以上、赤痢が約100万人も記録された。

これが福祉増進へと努力する国の姿だろうか。こんな状態でも、容赦なく税金は取っていたというから凄い。

餓死した死体が、細かく切って解体され、売りさばかれるという事件も起きた。むろん、食用である。イメージ低下を懸念したスターリンは、人肉売買に関与したふたりを秘密警察に逮捕させ、拷問を加えたうえで銃殺刑に処している。

ナジェージダ

この人肉事件にひどくショックを受けたのが、スターリンの2人目の妻ナジェージダである。

彼女は自分も国の役に立ちたいと思い、渋る夫を説得して、工業技術学校に通学していた。

ナジェージダは学校で一般の市民と接し、配給が全く行き届いていない現状を知り愕然とする。事務員や公務員、医療職に就く人たちですら、餓死しないだけのお金を稼ぐのに大変な時間を費やさなければならなかった。

さらにナジェージダは、農業の収穫に手伝いに行った学生から、農村の悲惨な状況を聞かされることになる。大量逮捕に虐殺、そして大飢饉で群れる孤児、挙げ句の果てには人肉まで食べていると聞いて、ナジェージダはスターリンにこの現状を訴えたというわけだ。

ところが、それを聞いたスターリンは激怒。ナジェージダを口汚く罵った。さらに、妻に余計なことを吹き込んだ学生たちを捕らえ、直ちに処刑した。

それでも怒りが収まらないスターリンは、各大学で農作業に動員された学生たちまで投獄して射殺した。ナジェージダはなんとか陰で学生たちを救おうとしたが、スターリンに発覚してしまい、中断せざるをえなかった。

あまりにむごい仕打ちだが、自分に歯向かう者はもとより、少しでも不安要素を感じさせる者はすべて抹殺する、それがスターリンのやり方だったのである。

そんなスターリンが農村に直接足を運んだのは、生涯でただ一度だけだったという。

判決後10分で処刑

スターリンが粛清したのは農民だけでなかった。

党内の反対派や知識人、軍人などスターリン体制に批判的な人間はすべて「人民の敵」と名指しされ、処刑された。「人民の敵」というのはスターリンが作り上げた概念である。

この魔法の言葉を利用し、わずかでもスターリンと対立する者や、悪い評判のある者はすべて弾圧の対象にした。

スターリンは、体制に批判的な人間や陰口を言っている人間を、密告により無理にあぶりだしては処刑していった。表彰されるのを目的に、わけも分からぬまま親を密告する子供さえいたという。

スターリンはこんな言葉をよく口にしていたという。

「目がキョロキョロするのは、心にやましいことがある証拠だ」

スターリンの秘密警察はいつも深夜か早朝に現れた。国民は「次は自分のところにやってくるのではないか」という緊張の中で密告を恐れて疑心暗鬼になり、皆が皆を信用できなくなっていった。

処刑の前には、一応裁判だけは行われる。あくまでも「犯罪者を裁いた」という体裁をとるためである。

しかし、ひとたび容疑をかけられた者は、拷問や薬でいたぶられながら、ひたすら自白を強要され続けた。

楽になりたい――その一心で自白したなら、楽にはなれる。銃殺刑に処されるからだ。

この裁判については、次のような恐ろしい取り決めがなされていた。

「刑事取調べには10日以上の日数をかけてはいけない」

「被告人に対する起訴の通告は、裁判を開く24時間前に行うこと」

「被告人は法廷で発言することを許されない。また、弁護人を代理人にたてることも許されない」

「情状酌量や判決の修正はしないこと。判決後直ちに刑を執行すること」

現在の日本では、判決までに時間がかかりすぎることが問題視され短縮化が叫ばれているが、スターリン方式は、いくらなんでも簡略化されすぎである。

判決から10分以内に処刑されることさえあった。実に素早く効率のよい裁判だ。

スターリンの粛清がピークを迎えたのは、1937年から1938年にわたる「大粛清」と呼ばれる期間で、逮捕されたのは約700万人、そのうち約100万人が銃殺され、約200万人が収容所で死亡した。

終戦後も粛清は続き、スターリン治世の期間に2000万人が虐殺されたともいわれている。あまりにも多すぎるため、正確な数字は明らかになっていない。

「一人の人間の死は悲劇だが、数百万の人間の死は統計上の数字でしかない」

スターリンが残した有名なフレーズは、偽りなき本心だったのだろう。

地獄の強制労働

処刑されず、強制収容所に送られた者も決して幸運とはいえなかった。その過酷な労働を知ると、いっそひと思いに銃殺されたほうがましだとさえも思えてくる。

強制収容所は「矯正労働収容所」と名前を変え、スターリンの死の直前まで、ソ連全土を覆い尽くすかのごとく次々と造られた。

「囚人を矯正し魂を鍛え直す労働」というのが表向きの目的だが、実際は工業化のためにタダ働きしてくれる大量の奴隷労働者が欲しかっただけだ。

強制労働の内容は、金鉱の採掘、運河や鉄橋の建設などが主だった。特にスターリンは金への執着がすさまじく、ことあるごとに「金の備蓄量を増やさねばならない」と口にし、そのために囚人をボロ雑巾のように扱い、1日に16時間以上も働かせた。

反抗的な態度をとろうものなら、気を失うほど殴られる。聞こえてくるのは、「ダバイ（やれ）！」という命令のみ。食料もろくに与えられず、囚人たちは次々と餓死していった。空腹のあまり、死体に手をつける者さえいたという。

それでもまだ夏はましだった。ソ連の冬は、ひどいときは零下60度という冷え込みをみせ、労働者の多くは凍傷にかかった。使い物にならなくなった囚人の手足はハサミでパチンパチンと切られる。もちろん、凍死してしまう者も後が絶えなかった。

夏になるとまた囚人たちが補充された。その数は数十万人にも上ったが、労働者の数は伸びることはなかった。夏にやって来て冬に死ぬ――そのサイクルが繰り返されていたからだ。

これだけやればさすがに成果も上がる。50年代の初めには、国家が保有する貴金属は、金２０４９トン、銀３２６１トン、プラチナ30トンという莫大な量に跳ね上がり、第一次五カ年計画の中心事業であった白海・バルト海運河も開通した。

喜んだスターリンは、１２０人に及ぶ作家たちを快適な船旅に招待した。自分の業績を見せ付けるためである。招待客には超一流ホテルで最高級の食事が振る舞われ、優雅な旅を皆で楽しんだ。

接待漬けにされた作家たちは『白海・バルト海運河／建設の歴史』と称する本を執筆し、その中でスターリンの偉業を絶賛した。それればかりか、囚人たちがいかに再教育されて鍛え直され、国家に貢献し得たかを賛美したというから、開いた口が塞がらない。

むろん、犠牲となった労働者たちについて、１行も触れられなかったことは言うまでもない。

大戦中の粛清

1941年、ナチス・ドイツは不可侵条約を一方的に破棄し、ソ連に侵攻した。

この事件は世界中を驚かせたが、ソ連の軍は戦う前から機能不全に陥っていた。何しろスターリンの大粛清は党や軍などにも及び、将校の8割が処刑されていたのである。戦車が多数あっても、それを操縦できる者はほとんど殺されていたという有様だった。

4年間にわたる独ソ戦で、ソ連は約2000万人という、ドイツの約5倍の死者を出した。

戦争だけでも膨大な死者が出ているというのに、粛清はこの大戦中ですら止むことはなかった。

例えばソ連領内の北カフカスでは、山岳民族が己の伝統文化を守るため、戦前からスターリンの農業集団化に協力していなかった。するとある日、村は10万の軍隊に包囲され、この少数民族は抹殺された。外国との戦争中、自国民を殺すために10万もの軍人を用いた指揮官は他に類を見ないだろう。

また、スターリンは敵軍の捕虜になった兵隊を祖国の裏切り者とみなし、家族をことごとく逮捕した。さらに粛清の矛先は自軍にまで向けられ、戦場を少しでも離れる者があれば、即刻銃殺、もしくは戦車で引き潰した。地雷を踏ませるために行進させられた将校もいたという。

スターリングラードの攻防戦だけでも、自軍に殺されたソ連兵は1万3500人にも上った。

しかしながら、この独ソ戦でソ連は奇跡的に勝利を収めている。並々ならぬスターリンへの恐怖が、勝利を呼び込んだのだろうか。

自ら掲げた規律に殺される

このようにスターリンは恐るべき独裁政治を行ったが、巧みなプロパガンダによってすべて隠滅されていた。それどころか、ナチス・ドイツに対する勝利へ導いた偉大な戦時指導者として宣伝された。

スターリンを偉大な指導者として賞賛する多数の映画とポスターが製作され、多くの都市の名前に「スターリン」がつけられ、国民には「聖者スターリン」のイメージが浸透していった。

囚人たちによってヴォルガ・ドン運河に建てられたスターリンの銅像にはこんな逸話

が残っている。

ある日、銅像の番人が見上げると、像の頭に渡り鳥たちが集まっていた。このままではスターリンの頭が鳥の糞だらけになってしまう。番人はさっそく州指導部にこの「緊急事態」を報告した。

人間ならすぐに処罰すれば済むが、空飛ぶ鳥が相手では難しい。頭を悩ませた州指導部の解決策は、銅像の頭部に高圧電流を流すというものだった。確かにこれでは鳥もむろできまい。

この作戦が功を奏して、銅像に糞はつかず、しかも下には一面の花が咲いたという。電流にやられ落ちてきた鳥を、番人が地面に埋めたからである。こんなことが大真面目に行われていた時代だった。

しかし、ここまで洗脳を徹底してもスターリンは安心できなかった。そして晩年は、暗殺されるかもしれないという恐怖から、強迫観念に取り付かれるようになる。

食べ物はすべて毒味をさせたことはもちろん、自ら客を招いておいて暗殺の心配をすることもあり、深夜密かに客の寝室を確認していたという。医者さえも信用せず、薬もなるべく飲まないようにしていた。

だが、その死は突然やってきた。

1953年、スターリンは別荘の食堂で倒れた。脳卒中である。まぶたを半分閉じたまま、言葉を発することができず、左手を持ち上げて助けを求めた。誰も来ないまま、数時間が過ぎた。ようやく護衛兵が食堂に入ってきて事態に気付くが、彼には医師を呼ぶ権限が与えられていなかった。護衛兵は秘密警察のボス、ベリヤを探しにいった。

ベリヤに呼ばれた医師がようやく到着したのは、10時間から12時間が経った頃だった。74歳のスターリンは自ら作った秩序によって、もがき苦しみながら死んでいったのである。

スターリンの銅像

スターリンの後は、ニキータ・フルシチョフが後を継いだ。フルシチョフはスターリンの恐怖政治を批判し、国内のスターリンの看板を撤去。スターリングラードという街は、ヴォルゴグラードに改名された。あれだけ崇拝されたスターリンの銅像は、国民たちに無残に引き倒された。

スターリンを批判する刊行物の出版が許可され、その悪行が次々と明らかになった。しかし、極秘資料が明らかになった今でも、その全貌を知ることはできない。なぜなら、スターリンはこのような顛末も予見し、こんな取り決めをしていたからである。

「最も重要な問題に関する政治局の決定は公式議事録に記録しないこと」

後世の評価を気にした独裁者は、急死したにもかかわらず、部分的に過去を削ることに成功したのだ。

スターリンの言葉には次のような恐ろしいものがあるが、これはまさにスターリンの政治信条そのものだったといえるだろう。

「われわれは敵をひとりのこらず抹殺する。それがかつてのボリシェヴィキだったとしてもである。われわれは敵の一族を、家族を根絶やしにするのである。行為と思想によって、そうだ、思想によっても社会主義国家の統一に危害を加えようとする者は、容赦なく抹殺しよう」

スターリンは、あのイヴァン雷帝をこよなく愛していたという。

おわりに

「ヒー・イズ・クレイジー……」

執筆期間中にギリシャまで足を延ばして世界遺産「デルフィの神託」を訪れたときのことだ。現地のガイドは暴君ネロが行った悪行を説明し終わると、首を振りながらそう呟いて、アポロン神殿へと先を急いだ。まるでこの場所から早く立ち去りたいと言わんばかりに。

ガイドが立っていたのは、正門から神殿へと続く聖なる道。かつてここには銅像が数多く並んでいたが、今はその土台しか残っていない。ローマ皇帝ネロが500体も略奪してしまったからだ。ネロが参拝を申し出たとき、残虐行為を理由にデルフィから拒否されたため、怒り狂って暴挙に出たのである。

本書では、このような暴君の蛮行の数々を紹介したが、デルフィだけではなく、その爪跡は世界中に残っている。

その最たるものがポル・ポトの大量殺人施設「S21」だろう。

1万4000人が収容され、生きて出てこられたのはわずか7人だったというこの恐るべき施設は、現在「大量虐殺犯罪博物館」として一般公開されている。

施設の中で行われた、あまりにむごい惨劇は本文で書いた通りだ。むろん、建物が現存しているだけではなく、人々の心にも深い傷跡が残っていることは言うまでもない。

だが一方、街行く人が「実にいい人だったよ」などと語ることもある、アミン元大統領のような暴君もいる。これは彼の独特なキャラクターがなせる業なのだろうか。アミンは、ナイル河が赤く染まるほどの殺戮をしておきながら、数々の暴言やジョークで周囲を惑わせた、まさに「人を食った」暴君だったのだろう。

本書を書いて改めて実感したのは、一口に暴君といってもいろいろな個性があり、12人いれば12人の治世や暴挙が存在したということだ。唯一共通するものがあるとすれば、彼らは皆孤独で、心から信頼できる相手が誰もいなかったということかもしれない。

「ヒー・イズ・クレイジー……」何百年、何千年の月日が経ってなお、暴君たちはそう語り継がれていくのかと思うと、その存在感に圧倒されそうになる。

歴史に残るような暴君は二度と出現させたくはないが、それは我々次第なのかもしれない。

最後に、編集者の北園大策氏をはじめ、本書にご尽力いただいた方々、本書を読了していただいた皆様に御礼を申し上げます。

【文庫版】おわりに

作家には、あとで振り返ったときにターニングポイントとなるような作品がいくつか存在する。本書は私にとって、まさにそんな特別な一冊である。

2006年、偉人たちの型破りな一面をクローズアップした『トンデモ偉人伝』で著作デビューを果たした私は、その後、偉人や名言にまつわる本を出版してきた。

いずれも一冊のなかで数多くの歴史人物を扱ったが、この『暴君の素顔』は、12人を厳選して、ひとり一人の生涯を追いながら、その残虐性と時代背景をなるべく丁寧に描いた。それまでの私の著作のなかでは、人物の内面に最も迫った一冊であるといえるだろう。読者にもそんな熱量が伝わったのか、順調に刷りを重ねたことも印象に残っている。ちなみに、私がデビューした彩図社以外の出版社からも依頼が来るようになったのは、この『暴君の素顔』以降の話である。

文庫化にあたり、すべてを読み直して、適宜、修正や加筆を行った。本書はむしろ、今の時代にこそ読まれるべきだろうと確信している。

暴君たちの素顔は、みなどこかもの悲しい。

誰よりも人に認めてもらいたいのに、それが叶わずに、あの手この手で周囲の歓心を買おうとする。どれだけ自分のやりたいように振る舞っても、決して満たされることのない自己顕示欲。それが肥大したとき、人は暴君になるのではないか。

暴君のような暴力行為には出ないまでも、私もまたそんなもの悲しさを抱えて、日々葛藤している一人かもしれない。本書を読み直してそんなふうに考えた。

自分の生きている証がほしい。誰かに愛してほしい――。

「つながり」が重視される現代はそんな焦燥感をとりわけ持ちやすいが、人はみな多かれ少なかれそんな思いを抱えている。

時には周囲に支えられながら、自分の道を一歩一歩、踏みしめて歩いていく。結局のところ、人生の充実感は、そうして手に入れるほかはないのではないか。本書からそんな教訓を私は得たが、みなさんはいかがだろうか。ぜひ感想をお寄せいただければうれしく思う。

本書と合わせて、拙著『独裁者たちの人を動かす技術』『大富豪破天荒伝説』も読んでいただけると、なおいっそう、人間の業の深さに触れられるはずだ。

最後に、本書を読んでくれたすべての読者のみなさまに、心から感謝を込めて。

2020年7月1日　山口智司（真山知幸）

【参考・引用文献】

「世界ノンフィクション全集29　皇帝ネロ」中野好夫ほか編（筑摩書房）／「ローマ皇帝伝（上・下）」スエトニウス著／国原吉之助訳（岩波書店）／「ネロ　暴君誕生の条件」秀村欣二（中央公論新社）／「ローマ人の物語〈20〉悪名高き皇帝たち4」塩野七生（新潮社）／「古代ローマ　人類初の世界文明」アンナ・マリア・リベラティ／ファビオ・ブルボン　監訳・青柳正規（新潮社）／「信長公記　上・下」太田牛一著／中川太古訳（新人物往来社）／「考証　織田信長事典」西ヶ谷恭弘著（東京堂出版）／「織田信長事典」岡本良一、奥野高廣、小和田哲男編（新人物往来社）／「織田信長のすべて」岡本良一編（新人物往来社）／「身の毛もよだつ　日本残酷死刑史」森川哲郎著／平沢武彦編（日本文芸社）／「逆説の日本史10　戦国覇王編　天下布武と信長の謎」井沢元彦著（小学館）／「井沢元彦の英雄の世界史」井沢元彦（廣済堂出版）／「織田信長【天下一統】の謎」（学習研究社）／「アミン大統領」エーリッヒ・ヴィーデマン著／芳仲和夫訳（朝日イブニングニュース社）／「続・アミン大統領」エーリッヒ・ヴィーデマン著／芳仲和夫訳（朝日イブニングニュース社）／「世界伝記大辞典1」林晃史ほか著（ほるぷ出版）／「苦悶するアフリカ」篠田豊著（岩波書店）／「独裁者の言い分　トーク　オブ　ザ　デビル」R・オリツィオ著／松田和也訳（柏書房）／「万国奇人博覧館」ギィ　ブクテル、ジャン‐クロード　カリエール著／守能信次訳（筑摩書房）／「アミン・ウガンダ大統領、三浦雄一郎インタビュー」ＰＬＡＹＢＯＹ日本語版　１９７６年９月号（集英社）／「ニュースキャスターを斬る！　木村太郎」(http://www.fujitv.co.jp/jp/kumorepo/caster2/interview.html)／「史記列伝」司馬遷著／福島吉彦ほか訳（岩波書店）／「秦の始皇帝　伝説と史実のはざま」鶴間和幸著（吉川弘文館）／「中国の歴史03　ファーストエンペラーの遺産　秦漢帝国」鶴間和幸著（講談社）／「秦の始皇帝」陳舜臣著（文藝春秋）／「始皇帝」ＮＨＫ取材班著（日本放送協会出版）／「中国皇帝列伝（守成篇・創業篇）」守屋洋著（徳間書店）／「皇帝政治と中国」梅原郁著（白帝社）／「中国４０００年弱肉強食の法則」徳田隆著（講談社）／「性愛の中国史」劉達臨著／松尾康憲訳（徳間書店）／「【秦　始皇帝】〝中国〟を創始した絶対者」（学習研究社）／「《ドラキュラ公》ヴラド・ツェペシュ」清水正晴著（現代書館）／「ドラキュラ伯爵　ルーマニアにおける正しい史伝」ニコラエ・ストイチェスク著／鈴木四郎、鈴木学訳（中央公論新社）／「ドラキュラ伝説―吸血鬼のふるさとをたずねて」レイモンドT・マクナリー著／ラドゥ・フロレスク、矢野浩三郎訳（角川書店）／「ルーマニア史　1」アンドレイ・オツェテァ編／鈴木四郎、鈴木学訳（恒文社）／「藤原道長」北山茂夫著（岩波書店）／「藤原道長　男は妻がらなり」朧谷寿著（ミネルヴァ書房）／「殴り合う貴族たち」繁田信一著（柏書房）／「王朝貴族の悪だくみ」繁田信一著（柏書房）／「日本の歴史5　王朝の貴族」土田直鎮著（中央公論新社）／「日本の歴史6　王朝と貴族」朧谷寿著（集英社）／「モナ・リザは高脂血症だった―肖像画29枚のカルテ―」篠田達郎著（新潮社）／「新教科書に出てくる42人の人物と日本の歴史2」高野尚好監修・指導」（学習研究社）／「アドルフ・ヒトラー（上・下）」ジョン・トーランド著／永井淳訳（集英社）／「ヒトラー伝上　人間ヒトラー」ヴェルナー・マーザー著／黒川剛訳（サイマル出版会）／「ヒトラー全記録」阿部良男著（柏書房）／「わが闘争・監訳（上・下）」アドルフ・ヒトラー著／平野一郎、将積茂訳（角川書店）／「西太后　大清国帝国最後の光芒」加藤徹著（中央公論新社）／「ドラゴン・レディ　西太后の生涯と伝説（上・下）」スターリング・シーグレーブ著／高橋正、山田耕介訳（サイマル出版協会）／「西太后」濱久雄著（教育社）／「西太后治下の中国　中国マキアベリズムの極到」J・O・P・ブランド、E・T・バックハウス著／藤岡喜久男訳（光風社出版）／「中国の歴史10」菊池秀明著（講談社）／「イヴァン雷帝」アンリ・トロワイヤ著／工藤庸子訳（中央公論新社）／「イヴァン雷帝」R・G・スクルィンニコフ著／栗生沢猛夫訳（成文社）／「イヴァン雷帝―ロシアという謎―」川又一英著（新潮社）／「人はどこまで残酷になれるのか」桐生操著（中公公論新社）／「興亡の世界史14　ロシア・ロマノフ王の大地」土肥恒之著（講談社）／「ロシア皇帝歴代誌」デヴィッド・ウォーンズ著／月森左知訳（創元社）／「ポル・ポト〈革命〉史　虐殺と破壊の四年間」山田寛著（講談社）／「ポル・ポト伝」デービット・チャンドラー著／山田寛訳（めこん）／「ポル・ポト　死の監獄S21　クメール・ルージュと大量虐殺」デーヴィッド・チャンドラー著・山田寛訳（白揚社）／「わたしが見たポル・ポト　キリングフィールズを駆けぬけた青春」馬渕直城著（集英社）／「記者が見た　カンボジア現代史25年」山田寛著（日中出版）／「なぜ同胞を殺したのか　ポル・ポト―堕ちたユートピアの夢」井上恭介、藤下超著（日本放送出版協会）／「歴史発見10」NHK歴史発見取材班編（角川書店）／「つくられた暴君と明君　隋の煬帝と唐の太宗」布目潮渢著（清水書院）／「勝利と悲劇　スターリンの政治的肖像（上・下）」ドミートリー・ヴォルコゴーノフ著／生田真司訳（朝日新聞社）／「赤いツァーリ　スターリン、封印された生涯（上・下）」エドワード・ラジンスキー著／工藤精一郎訳（日本放送出版協会）／「スターリン　その秘められた生涯」バーナード・ハットン著／木村浩訳（講談社）／「スターリンの大テロル」O・フレヴニューク／富田武（岩波書店）／「スターリン秘録」斉藤勉著（産経新聞社）／「スターリンという神話」ユーリイ・ボーレフ著・亀山郁夫訳（岩波書店）／「映写技師は見ていた　側近　スターリン時代のソ連の内情」アンドレイ・コンチャロフスキー、アレクサンダー・リプコフ著／駐文館編集部訳（駐文館）

【写真・図画引用文献】

●ネロ

「ネロ　皇帝にして神、芸術家にして道化師」フィリップ・ファンデンベルク著／平井吉夫訳（河出書房新社）

「悪名高き皇帝たち　ローマ人の物語Ⅶ」塩野七生（新潮社）

●イディ・アミン

「続・アミン大統領」エーリッヒ・ヴィーデマン著／芳仲和夫訳（朝日イブニングニュース社）

「アミン大統領」エーリッヒ・ヴィーデマン著／芳仲和夫訳（朝日イブニングニュース社）

●始皇帝

「NHKスペシャル　始皇帝」NHK取材班著（日本放送出版協会）

「中国の歴史03　ファーストエンペラーの遺産　秦漢帝国」鶴間和幸著（講談社）

「兵馬俑と始皇帝」今泉恂之介著（日本放送出版協会）

●藤原道長

「藤原道長　男は妻がらなり」朧谷寿著（ミネルヴァ書房）

●アドルフ・ヒトラー

「アウシュビッツの記録」平和博物館を創る会編（三省堂）
●イヴァン4世
「イヴァン雷帝」アンリ・トロワイヤ著／工藤庸子訳（中央公論社）
「ロシア皇帝歴代誌」デヴィッド・ウォーンズ著／月森左知訳（創元社）
●ポル・ポト
「ポル・ポト〈革命〉史　虐殺と破壊の四年間」山田寛著（講談社）
「ポル・ポト　ある悪夢の歴史」フィリップ・ショート著／山形浩生訳（白水社）
●ヨシフ・スターリン
「映写技師は見ていた　側近　スターリン時代のソ連の内情」アンドレイ・コンチャロフスキー、アレキサンダー・リプコフ著／駐文館編集部訳（駐文館）

著者略歴

山口智司（やまぐち・さとし）

著述家、偉人研究家。

1979年、兵庫県生まれ。2002年、同志社大学法学部法律学科卒業。2006年、『トンデモ偉人伝』で著述家デビューし、2011年の東日本大震災を機に、筆名を「真山知幸」へ変更。『君の歳にあの偉人は何を語ったか』『不安な心をしずめる名言』『大富豪破天荒伝説Best100』『最高の人生に変わる天才100の名言』『ざんねんな名言集』など著作約40冊。『ざんねんな偉人伝』『ざんねんな歴史人物』は計20万部を突破しベストセラーとなった。業界誌出版社の編集長を経て、2020年より独立。

名古屋外国語大学現代国際学特殊講義（現・グローバルキャリア講義）、宮崎大学公開講座などでの講師活動も行い、メディア出演多数。

モットーは「短所は長所の裏返し」。

メール：mayama.tomoyuki@gmail.com

教科書には載せられない 暴君の素顔

2020年9月4日　第1刷

著　者　山口智司

発行人　山田有司

発行所　株式会社　彩図社《さいずしゃ》

〒170-0005 東京都豊島区南大塚3-24-4 MTビル
TEL:03-5985-8213
FAX:03-5985-8224

印刷所　新灯印刷株式会社

URL：https://www.saiz.co.jp
https://twitter.com/saiz_sha

 ISBN978-4-8013-0466-6 C0195

本書は弊社より刊行した書籍『教科書には載せられない 暴君の素顔』（2008年1月発行）を修正のうえ文庫化したものです。